Theodor von Heuglin
Reisen in Nord-Ost-Afrika

weitsuechtig

Theodor von Heuglin

Reisen in Nord-Ost-Afrika

ISBN/EAN: 9783956560736

Auflage: 1

Erscheinungsjahr: 2013

Erscheinungsort: Bremen, Deutschland

@ weitsuechtig in Access Verlag GmbH. Alle Rechte beim Verlag und bei den jeweiligen Lizenzgebern.

weitsuechtig

DAS ALTE KÖNIGS-SCHLOSS DES NEGÚS IN GONDAR.

Reisen
in
Nord-Ost-Afrika
von

Theodor von Heuglin,
Geranten des k. k. österr. Konsulats zu Chartum in Ost-Sudan.

Tagebuch
einer Reise von Chartum nach Abyssinien,

mit besonderer Rücksicht

auf Zoologie und Geographie

unternommen in dem Jahre 1852 bis 1853.

Vorwort.

Bis zum Jahre 1820 bildeten die Städte Schendy, Obeid und theilweise Dongola die Hauptstapelplätze für den Handel zwischen dem Rothen Meer, dem Nil und dem Innern Ost=Afrika's. Mit der Vertreibung der Mamelufen und der Occupation des türkischen Sudan (der Provinzen Dongola, Berber, Taka, Kordofán und Sennaar) durch die Türken unter Anführung Ismaël=Pascha's und Mehemed=Beg's, welche die Verwüstung von Schendy und das gegen die Türken und ihr eisernes Joch erweckte Mißtrauen der Einwohner und vorzüglich der jene Marktplätze sonst zahlreich besuchenden Kaufleute aus Dar=Fur, Dar=Seleï ꝛc. zur unmittelbaren Folge hatten, war eine vollständige Ebbe der Handelsbeziehungen von Ost=Sudan mit dem Innern eingetreten.

Obgleich noch jetzt das Vertrauen der Gelabi (einheimischen reisenden Kaufleute) zu den neuen Herren von Ost-Sudan nicht hergestellt ist und die Türken durch gesetzliche Auflagen, Erpressungen und alle möglichen Lasten den Verkehr hemmen, so hat sich derselbe im Verlaufe von dreißig Jahren doch in vieler Beziehung retablirt und erweitert.

Chartum, die jetzige Hauptstadt der Türkenherrschaft im Sudan, am Zusammenflusse des Bahr-el-asrak und Bahr-el-abiad, auf der Nordspitze der Halbinsel Sennaar gelegen, ist aus einem kleinen und armseligen Fischerdorf im Verlauf eines Viertel-Jahrhunderts zu einer blühenden Handelsstadt erstanden, welche die kleineren Märkte Messalemieh, Sennaar, Kedaref, Galabat, Taka, Obeid ꝛc. mit europäischen Produkten versorgt, von wo aus diese nach Ost, Süd und West versendet werden, von wo aus ferner regelmäßige Handelsexpeditionen längs des Weißen und Blauen Nils alljährlich bis gegen den 4. Grad nördlicher Breite vordringen, und von wo aus uns auch noch die Pforte zu manchem Lande des mysteriösen Central-Afrika's erschlossen werden wird.

Schon im Jahre 1851 wurde auf spezielle Veranlassung Sr. Excellenz des k. k. Ministers Freiherrn v. Bruck in diesem neuen Emporium ein kaiserl. österreich. Konsulat gegründet.

Der Vorstand desselben, Dr. C. Reitz, hatte sich vor Allem zur Aufgabe gestellt, freundschaftliche Verbindungen mit den Nachbarländern anzuknüpfen, und da dieß auf schriftlichem Wege nicht so leicht und rasch zu erzielen war, den Plan gefaßt, diese Länder und ihre Beherrscher zur dortigen Beförderung unserer europäischen Interessen persönlich kennen zu lernen. Das k. k. General-Konsulat in Aegypten unterstützte ihn bei diesen gefährlichen und mühevollen Unternehmungen so thätig als möglich und ertheilte ihm namentlich die Bewilligung zur Bereisung von Abyssinien und Dar-Fur, welche bei der ersten sich ergebenden günstigen Gelegenheit veranstaltet werden sollte.

So standen die Dinge bei der Ankunft des Verfassers in Chartum im Oktober 1852, der damals dem dortigen k. k. Konsulate als Sekretär beigegeben war.

Schon im Juni 1852 hatte der damalige faktische Beherrscher von Abyssinien, Ras-Ali, eine politische Mission an Abbas Pascha, den Vice-König von Aegypten, gesandt, welche auf ihrem Rückweg in ihr Vaterland, begleitet von einem türkischen Wesier, Omer Beg, im November 1852 Chartunk berührte. Dr. Reitz hatte sich schnell entschlossen, die Gesandtschaft nach Abyssinien zu begleiten, und hatte auch bald mit derselben das nöthige Uebereinkommen getroffen. Er engagirte mich ebenfalls, diese interessante Tour mitzumachen, und so waren wir schon Anfangs December reisefertig.

Meine Hauptabsicht war dabei, die naturhistorischen und geographischen Verhältnisse jener Länder näher kennen zu lernen, und die Veröffentlichung meines während jener Reise geführten Tagebuches hat bloß den Zweck, in dieser Richtung vielleicht — wenn auch in sehr bescheidenem Maaße — einige Lücken in der Wissenschaft auszufüllen, namentlich da ein großer Theil unseres Weges durch Länder führen mußte, die für uns noch fast terrae incognitae sind.

Auf große Vollständigkeit kann diese unbedeutende

Arbeit keinen Anspruch machen. Andere Männer, in einer selbständigeren Stellung und mit besseren Mitteln ausgerüstet, hätten unendlich mehr leisten können; ich tröste mich einigermaßen wenigstens mit dem Gedanken, daß ich unter den obwaltenden Umständen mein Möglichstes zu thun versucht habe, um ein sehr bescheidenes Scherflein zur Kenntniß Inner-Afrika's beizutragen.

Welche Erfolge in handelspolitischer Richtung unsere Reise hatte, ist natürlich so rasch nicht abzusehen. Wenigstens eine Aufgabe ist gelöst, nämlich ein persönlicher freundschaftlicher Verkehr mit Abyssinien eingeleitet, der auch für die nächste Zeit dauern wird, wenn nicht wieder politische Umwälzungen jenes von der Natur so herrlich begabte Land heimsuchen. Indeß hat sich jetzt schon dort Vieles, und, wie es scheint, zum Besten des Landes, umgestaltet. Ein energischer Fürst, Detschatsch Kasa, hat sich nach Ueberwältigung des Ras und Bekämpfung aller kleineren, fast unabhängigen Vasallen des letzteren an die Spitze der Regierung gestellt, ein Mann, der gern sein Land dem Europäer, sei er Reisender oder Handelsmann, öffnet, unter dessen Herrschaft und Schutz gewiß auch die persönliche Sicherheit nicht mehr gefährdet ist, und welcher Einsicht und festen Willen genug besitzt, so weit es die politischen Verhältnisse erlauben, Verkehr nach Außen und namentlich direkt mit Europäern einzuleiten.

Der Verfasser.

Inhalt.

Erster Abschnitt.
Reise von Chartum nach Gondar.

Zweck der Reise. — Günstige Gelegenheit. — Abreise von Chartum. — Ankunft in Abu-Haräs. — Wahl des Weges. — Vegetation am Rahad. — Vögel. — Ueble Laune Omer-Beg's. — Dorf Scherife-Jacob. — Fauna. — Omer-Beg's Zorn. — Djebel Arang. — Cynocephalus. — Jagdbeute. — Vulkanische Gebirge. — Djebel Atesch. — Unruhen in Abyssinien. — Fauna. — Adansonia. — Gebirge Boab-Dambelie. — Dorf Kanara. — Unglücksfall. — Steppenbrand. — Straßen von Kebaref aus. — Thiere. — Vegetation. — Doka. — Berathungen über die Weiterreise. — Weihnachtstag. — Geognostische Beschaffenheit der Gegend bei Doka. — Thierleben bei Sonnenuntergang. — Trennung von Omer-Beg. — Marktflecken Wogin. — Grenze von Galabat. — Provinz Galabat. — Methemmeh. — Zoologisches. — Vegetation. — Gandoa-Fluß. — Wochni. — Fauna. — Bote von Kasa. — Abenteuer. — Wali Dabba. — Plateau von Wali Dabba. — Tschelga. — Vegetation. — Abyssinische Musik. — Fürst Kasa. — Tef-Brod. — Abyssinische Getränke. — Unterredung mit Kasa. — Kasa's Geschichte. — Tana-See. — Fauna bei Genda. — Tendja. — Gondar. — Alterthümer. — Besuche. — Industrie.

Zweiter Abschnitt.
Reise von Gondar nach Simén.

Jaguar-Jagd. — Abreise. — Plateau von Woggara. — Affenheerde. — Heilige Haine. — Fauna. — Unfall. — Dorf Dschembelga. — Ruinen einer portugiesischen Kirche. — Thalbildung. — Quellflüsse des Bellegas. — Ungastliche Aufnahme. — Woina. — Politisches Asyl. —

Ubie's Wohnung. — Handel von Simên. — Ubie's Geschichte. — Plateau von Simên. — Maschicha-Fluß. — Geognostische Beschaffenheit des Simên-Gebirges. — Vegetation. — Fauna. — Krankheit. — Quellenland des Takasseh. — Galla-Stamm der Agos. — Verhandlungen mit Ubie. — Europäer in Debr-Eski. — Ausflug nach Schoada. — Angriff einer Affenheerde. — Mündung des Woina-Baches. — Thal des Bellegas. — Enzêt-Pflanzungen bei Woina. — Fauna im Bellegas- und Woina-Thal. — Handelsvertrag mit Ubie.

Dritter Abschnitt.
Rückreise.

Savsawa. — Gongul, Ubie's Sohn. — Gongul's Mannschaft. — Kasa's Heer. — Gondar. — Asasso. — Tana-See. — Kasa's Lager. — Fahrzeuge auf dem Tana-See. — Vorgebirge Gorgora. — Ruinen. — Naturhistorische Ausbeute auf Gorgora. — Weinbau in Dembea. — Pulver-Fabrikation. — Bewaffnung der Truppen Kasa's. — Zweiter Ausflug nach Gorgora. — Geognostische Beschaffenheit von Gorgora. — Kriegsrath. — Rückzug Kasa's. — Abschied von Kasa. — Wali Dabba. — Duk-el-arba, Hauptort der Provinz Dagossa. — Grenze zwischen Dagossa und Sarago. — Vögel. — Anaho. — Elephanten- und Büffelheerden. — Marabus. — Goara. — Nisus sphenurus. — Hyänen. — Rhinoceros-Jagd. — Gira-Fluß. — Kochende Quellen von Ambö. — Rhinoceros. — Aufnahme bei Schech Atlan. — Merbibba. — Riesige Tamarindenbäume. — Büffeljagd. — Komischer Auftritt. — Rückkehr nach Methemme. — Verwüstung. — Siegesnachricht von Kasa. — Galabat, seine Bedeutung, Produkte, Handel und Handelsstraßen. — Quellenländer des Denber und Rahab. — Abreise von Methemme. — Krankheit. — Brunnen von Abu Said. — Dr. Reitz's Tod. — Ankunft in Chartum.

Erster Abschnitt.

Reise von Chartum nach Gondar.

Schon seit Errichtung eines k. k. österreichischen Konsulats in Ost-Sudan hatte dessen erster Vorstand, Dr. Reitz, sich bemüht, Verbindungen mit den Nachbarländern, Darfur, Abyssinien ꝛc., anzuknüpfen, die nicht nur für Ausbreitung unseres Handels, sondern auch für Erweiterung unserer Kenntnisse in Geographie, Naturgeschichte ꝛc. noch glänzende Resultate erwarten laſſen.

Dr. Reitz setzte sich zu diesem Zweck vorerst in schriftliche Unterhandlungen mit den betreffenden Häuptlingen und Fürsten, um gegenseitige freundschaftliche Beziehungen einzuleiten; doch mußte er bald einsehen, daß eine persönliche Zusammenkunft mit denselben weit erfolgreicher sein und namentlich viel schneller zum Ziele führen müſſe.

Der von dem k. k. General-Konsulate in Aegypten kräftig unterstützte Antrag zur Bereisung der betreffenden Länder wurde vom hohen k. k. Handels-Ministerium genehmigt und Dr. Reitz entschloß sich im Spätherbst 1852, — da sich gerade eine schickliche Gelegenheit zu einer Expedition nach Abyssinien darbot, — eine Reise dahin zu unternehmen.

Obgleich ich keine direkte hohe Ermächtigung hatte, schloß ich mich ihm doch auf seine Einladung gern an, da ich der festen Ueberzeugung war, hiedurch nicht gegen den Willen meiner vorgesetzten Behörden zu handeln, und namentlich hoffen durfte, während der Dauer der Reise für allgemeine wissenschaftliche Zwecke Etwas — wenn auch Geringes — leisten zu können.

Ras-Ali, der nominelle Majordomus, aber faktische Herrscher von Habesch, hatte schon zu Anfang desselben Jahres eine Gesandtschaft unter Führung eines hochgestellten Geistlichen an den Vicekönig von Aegypten abgeschickt, welche im November 1852 nach Chartum zurückkehrte, begleitet von einem mit reichen Geschenken von Abbas-Pascha für den Ras ausgestatteten türkischen Wessier, Omer-Beg.

Wir waren bald übereingekommen, gemeinschaftlich die Reise bis Gondar mit letzterem und der abyssinischen Gesandtschaft zu machen. In aller Eile wurden die nöthigen Zurüstungen getroffen und der Anfang Decembers zum Aufbruch bestimmt.

Ueber die einzuschlagende Route war noch nichts ausgemacht, doch schien es nach allen eingegangenen Nachrichten am zweckmäßigsten, zu Wasser nach Abu-Haras am Blauen Fluß und von dort östlich dem Atbara zu nach der Provinz Kedaref zu gehen, wo erst nach obwaltenden Umständen Weiteres entschieden werden sollte.

Am 3. und 4. December gingen, nachdem die nöthigen Befehle zur Herbeischaffung der Last- und Reit-Kameele, Habiers (Führer) 2c. vorausgeschickt worden waren, Omer-Beg und die Abyssinier unter Segel und wir folgten am 9. nach.

Schon einige Tage früher waren auch unsere eigenen Dromedare und Reise-Pferde zu Land nach Abu-Haras abgegangen. Wir hatten meinen europäischen Jäger Kaspar

Krüger, einen Berberiner, Muhamed, als Präparator und zwölf Privat-Diener mitgenommen.

Unsere Bagage war der weiten Landreisen wegen auf möglichst einfachen Stand reducirt, um auf den weiten beschwerlichen Wegen so wenig als möglich inkommodirt und gehindert zu sein; doch konnte ich alle Materialien, die mir für meine naturhistorischen Zwecke nöthig waren, und einige mathematische Instrumente zu geographischen Untersuchungen mitführen. Leider aber fehlten mir sämmtliche wichtigen wissenschaftlichen Werke über die zu bereisenden Länder und ebenso die Karten von Bruce, Valencia und Salt, Lefebvre, Rüppell, Bake ꝛc., und ich hatte bloß die „Zimmermann'sche Karte der Nilquellenländer", die Berghaus'sche Karte „von Aegypten und Arabien" und „Queen's Map" nach Harris zu meiner Verfügung, welche für Ost-Sennaar und das westliche Abyssinien unbrauchbar sind.

Einige Mühe hatten wir, die in Abyssinien allein gangbare Münze (k. k. Marientheresien-Thaler von deutlichem Gepräge mit fünf oder sieben und neun Perlen in der Agraffe, dem Diadem des Brustbildes der Kaiserin und den Chiffren F. S. unterhalb desselben) in Chartum aufzutreiben.

Am 13. December langten wir nach schlechter, langweiliger Fahrt in Abu-Harás an, wo wider unser Erwarten die nöthigen Vorkehrungen zur Weiterreise schon getroffen waren.

Es wurden uns hier zwei Wege nach Kebaref vorgeschlagen: der direkte über Djebel Arang und ein etwas weiterer längs dem Rahab. Auf den Rath unserer Führer

und des anwesenden Sohnes des braven Schukerieh-Schechs
Achmed Abu Senn würde von uns der erstere gewählt,
während ein türkischer Kavaß, der die Pferde zu geleiten
hatte, die Rahab-Straße einschlug, die etwas weiter ist,
wo aber kein Wasser- und Futter-Mangel für die Thiere
zu befürchten war.

Von Abu-Harâs aus besorgten wir noch in aller Eile
unsere nöthige Correspondenz mit Europa, die mit der re-
gulären Post von Sennaar nach Chartum gesandt werden
konnte.

Am 14. December, nachdem die Last-Kameele ausge-
wählt und die gewöhnlichen Umstände beim Packen und Auf-
binden des Gepäcks unter großem Geschrei und Durchein-
ander beseitigt waren, ritten wir von Abu-Harâs gemeinschaftlich mit Omer-Beg ab. Unsere ganze Karavane bestand aus 83 Kameelen und einigen Reitpferden.

Es war 2¾ Uhr Nachmittags und unser Weg führte
in ostsüdöstlicher Richtung durch ganz ebenes, humus- und
vegetationsreiches Steppenland in einiger Entfernung vom
Rahab hin; bald wurde das Buschwerk dichter, mehr mit
Hochholz (Mimosen und Zizyphus) gemengt, und große Eu-
phorbien-Ranken verwehrten mir, als ich mich zu Fuß jagend
etwas vom Wege entfernt hatte, oft den Durchgang. Die
Vogelwelt war ungemein reich vertreten, ich unterschied
viele Arten von Glanzdrosseln, Merops coeruleocephalus,
Ixos, Vidua paradisea, Fringilla elegans, Saxicola sal-
tatrix, Stapazina und lugens, Columba aegyptiaca, risoria, chalcospilos und namentlich in großer Menge C. capensis, Pterocles Lichtensteinii oder fasciatus, Curso-
rius chalcopterus, Vanellus pileatus ꝛc.

Ich machte heute bloß Jagd auf die zahllosen Perl-hühner-Ketten, denen ich beträchtlichen Schaden beibrachte, leider wurde aber beim Abendtisch die Beute vom Beg verschmäht, da ich unterlassen hatte, nach muhamedanischem Gebrauch den Vögeln mit einem andächtigen „Bismilah e-rachmahn e-rachim" die Kehle abzuschneiden.

Viel Aufenthalt verursachte unterwegs das Gepäck Omer-Begs, weßhalb schon nach fünfstündigem Marsche, um die Nachkommenden zu erwarten, Halt gemacht wurde. Man campirte natürlich unter freiem Himmel, ohne sich die Mühe zu nehmen, Zelte aufzuschlagen, was um so weniger nöthig schien, als die Nächte noch nicht kalt und die Atmosphäre immer ganz trocken war.

Am 15. December wurde zwar früh Lärm geschlagen, aber die Karavane setzte sich erst mit Sonnenaufgang in Bewegung. Unser Beg, dessen Wohlbeleibtheit sich sehr schlecht zu einer Kameelreise eignete, war immer übler Laune, raisonnirte mit dem Habier, prügelte die Araber um die Wette, und keine Stunde verging, ohne daß sein Kameel gewechselt oder umgesattelt werden mußte. Höchst ärgerlich wurde er, wenn ich zuweilen, um mir die Figur dieses Ritters von der traurigen Gestalt näher anzusehen, auf meinem Bischarie-Dromedar in gestrecktem Trabe an ihm vorbeiritt und das stolze Kameel des Begs, sich zum Wettlauf anschickend, letzterem den Vorrang nicht gönnen wollte.

Mein Ermenter Hund spielte diesen Morgen aber einem abyssinischen Soldaten einen noch schlimmeren Streich, indem es ihm einfiel, mit den Hinterfüßen seines ruhig dahinschreitenden Lastthieres unter Anwendung seiner gewaltigen Zähne zu spielen. Das mit derartigen Liebkosungen noch nicht vertraute Dromedar nahm Reißaus und schüttelte Mann und Gepäck in die Dornen.

Nach 4½ St. Marsch gegen Südosten durch busch- und baumreiche Steppen gelangten wir nach dem kleinen Dorfe Scherife-Jacob, wo mir der Weg zu meiner Freude erklärte, daß er heute nicht weiter gehe.

Der Ort liegt eine kleine Viertelstunde nördlich vom Rahab und mag aus 150 Toguls bestehen, die von Dabeina-Arabern bewohnt sind.

Der Rahab, den ich Nachmittags besuchte, war zu jener Jahreszeit sehr klein; fast überall konnte man durchwaten. Seine Ufer sind sehr steil und hoch, so daß ich zweifle, daß er sie beim höchsten Wasserstand überschreitet.

Fische bemerkte ich nicht, meine Leute wollten aber mehrere Krokobile gesehen haben.

Ich kam dort in hübsche, ja ich möchte sagen, großartige Waldparthien, zwischen welchen zerstreute Baumwollen-Felder versteckt lagen.

Erlegt oder beobachtet wurden: viele Cercopithecus und Sciurus, Haliaëtos vocifer, Circus pallidus, Laniarius erythrogaster, Vidua paradisea und serena, Lamprotornis aeneus, Picus aethiopicus, Anastomus lamelligerus, Reiher, Königskraniche, Gänse u. s. w.

Den 16. December zogen wir 5½ St. in ostsüdöstlicher Richtung weiter, bis wir den Rahab wieder erreichten, an einer Stelle, wo er direkt aus Süden herzukommen scheint. Der Weg führte über eine weite, mit hohen Gramineen und dichtem Buschwerk bewachsene Ebene, an deren südöstlichem Horizont bereits die Galla-Berge sichtbar wurden.

Hier fanden wir nichts Neues mit Ausnahme einiger vielleicht gestern übersehener Singvögel (u. a. Oligura micrura, Rüpp.). Nachmittags machten wir noch einen weiteren Marsch von 3½ St., uns etwas mehr östlich wendend.

Am 17. December führte der Weg durch dichtes Mimosen-Gebüsch mit ganz infamen, rückwärts gekrümmten Dornen (arab. Gettere), längs den Bergen von Arang, die wir zur Rechten ließen, bis zu einem Querthal, allwo sich die meisten Brunnen befinden, und unter schönem Schatten nach achtstündigem heißen Marsche gelagert wurde.

Unterwegs führte der Weg wieder eine hübsche kleine Komödie auf, wahrscheinlich aus Aerger über die Araber, die uns den schlechten Weg geführt hatten. Mitten im Marsche ließ er sich fluchend und lärmend vom Kameel heben, um seines Leibes, resp. Hungers und Durstes, zu pflegen und eine Pfeife zu rauchen; doch mochte der Hauptgrund ein anderer sein. Ich konnte nicht umhin, mich neben ihn zu setzen, da ich Hoffnung hatte, mich etwas amüsiren zu können. Wirklich dauerte es nicht lange, so kam desselben Wegs ein Gelab, ein junger, kräftiger Araber, sein Schlachtschwert auf der linken Schulter, hoch zu Esel daher geritten. Der Arme hatte keine Ahnung, daß der keuchend am Wege schmachtende Türke ein Beg und noch obendrein ein vicekönigicher Gesandter sei, und wollte ruhig seiner Wege gehen. Das Unterlassen der dem hohen Herrn gebührenden Ehrenbezeigungen brachte den Mann aber dergestalt in Wuth, daß er, seine alten müden Glieder vergessend, in höchst eigener Person mit der Flinte in der Hand auf den Araber zustürzte, ihn vom Esel warf und nach einer tüchtigen Behandlung seines Rückens mit dem

Gewehrkolben anherrschte, hier neben seinem Esel stehen zu bleiben, bis er abreite und ihm Erlaubniß zur Weiterreise gebe. Der arme Teufel war ganz verblüfft und leistete ohne Widerrede des Begs Befehlen Folge.

Der Djebel Arang oder auch Galla (was soviel als Berg bedeutet) ist ein plötzlich aus der Ebene aufsteigendes, steiles, mit einem Bogen nach Südosten von Südwesten nach Nordosten ziehendes Granitgebirge von ungefähr 8 Stunden Länge und an einigen Stellen von engen, ganz ebenen Querthälern, in welchen sich Brunnengruben finden, durchsetzt. Die Bewohner sind Dabeina-Araber, die an wasserreichen Stellen feste Wohnplätze haben und bloß Viehzucht treiben.

Die Brunnen, an welchen wir lagerten, waren in jener Jahreszeit nicht tief (6—8'); sie sind in einen schiefergrauen Thon eingesenkt und ihr Wasser hat immer den besten Geschmack*).

Mit meinem Jäger Muhamed, der die Gegend genau kannte, bestieg ich Nachmittags den Berg, da man übereingekommen war, für heute hier zu bleiben. Kaum waren wir einige hundert Schritte vom Lager entfernt, als meine Reisegefährten mir einen Diener nachsandten, ich möge zurückkommen, da sie aufbrechen wollten. Wahrscheinlich wollte mir der Beg die Freude nicht gönnen, den Berg zu

---

*) Als ich auf der Rückreise in den ersten Tagen des Juni wieder in Arang war, mochten die Brunnen 18—20' Tiefe haben, und viele Familien hatten sich wegen Wassermangels mit ihrem zahlreichen Vieh an den Rahad gezogen, der trotz der starken Regen, die wir im Mai in Docka gehabt hatten, ebenfalls fast ganz trocken war.

untersuchen, der mich sehr interessirte. Ich ließ den Herren aber bloß glückliche Reise wünschen und ihnen sagen, daß ich jedenfalls noch vor ihnen in Kebaref eintreffen würde. Doch mußten sie sich anders besonnen haben, da ich sie nach meiner Rückkunft noch traf.

Von den Brunnen aus stiegen wir in fast westlicher Richtung durch ein enges, felsiges, mit prachtvollem Baumschlag bedecktes Thal aufwärts, passirten nach halbstündigem Marsche ein kleines Hochthal, in dem sich ebenfalls Brunnen befanden, wo Kameele, Rindvieh, Schafe und Ziegen in Menge weideten und getränkt wurden. Dieses Thal bricht gegen Westen in ein anderes, tiefer gelegenes durch, wo sich auch Wasser findet, das in einer engen Schlucht nach Südwesten bis zu einem kleinen Dörfchen in die Ebene fällt.

In besagten Hochthälern, welche an einzelnen Stellen sogar sumpfig sind, finden sich Reste von Wohnungen aus Stein, die aber auf keinen Fall hohen Alters sind. Hier trafen wir mehrere Exemplare einer kleinen Wasserschildkröte, sehr ähnlich der Pentonyx Gehafie, Rüpp., die dort Abu-Gatta heißt. Gleichzeitig beobachtete ich eine ansehnliche Heerde von Cynocephalus, die durstig von ihren Felsen unter Anführung des größten Männchens herabstiegen und sich dem Wasser näherten. Wir suchten sie zu beschleichen, aber umsonst; sie ergriffen das Hasenpanier unter Gebell und zierlichen Grimassen, die Schwänze auf dem Boden schleifend und zum Theil auf den Hinterfüßen gehend. Ebenso fruchtlos war unsere Verfolgung bis gegen ihre unersteiglichen Aufenthaltsorte.

Auffallend war mir die Menge von todten Raubvögeln,

die wir hier überall fanden; außerdem beobachteten ober erlegten wir einige Herpestes mutgigella, Rüpp., Aquila ecaudata, Circus pallidus, Circaëtos brachydactylus, Turdus cyanus, Fringilla senegalensis, Fr. frontalis und Fr. fasciata, und im Nachhausegehen machten wir in der Nähe unseres Lagerplatzes noch große Beute an Perlhühnern und einigen Hasen (Lepus isabellinus, Rüpp.).

Auf der Nordost=Seite scheinen die Gipfel des Arang, die höchstens eine absolute Höhe von 1800′ haben können, noch mehr als auf der entgegengesetzten mit hohen Bäumen gekrönt zu sein; wenn ich mich der großen Entfernung wegen nicht täuschte, so kommen dort sogar schon Abansonien vor.

Von den Höhen des Berges aus erblickt man in der unabsehbaren Ebene, namentlich gegen Süden und Osten zu, eine Menge einzeln stehender größerer und kleinerer Felsgebirge und Zacken, die der Gegend ein ganz eigenthümliches Ansehen geben. Alle scheinen derselben Formation anzugehören, und ihr Ursprung dürfte wohl von der großen Hebung der vulkanischen Gebirgsmassen, aus denen ganz Abyssinien besteht, herzuleiten sein; 15 Stunden südlich und südöstlich haben bereits starke Durchbrüche dieser Art die Erdoberfläche erreicht*).

Von Arang brachen wir am 18. December sehr früh auf, erreichten in ungefähr östlicher Richtung nach vier Stunden einen schönen Felsen von beträchtlicher Höhe (Djebel

---

*) Djebel Arang ist auf einigen Karten (Zimmermann, Berghaus ꝛc.) als Dorf angegeben, unter dem Namen Arang. Ueber die Ruinen Kelly, die sich in der Nähe finden sollen, konnte ich gar nichts erfahren.

Serdjén) und nach wieder fast gleicher Entfernung die Berggruppen von Djebel Atesch, wo gelagert ward. Am Atesch wohnen Mesalamie-Araber vom Stamme der Schukerie (Schech Achmed Woad Abu Senn), die etwas Durrah (Büschelmais) bauen und guten Viehstand haben. Quellen finden sich hier keine, aber die Bewohner haben sich an geeigneten Stellen in der Nähe der Felsen große Teiche ausgegraben, die gut verdämmt sind, wo fast während der ganzen trockenen Jahreszeit Wasser steht; sammelt sich keines mehr, so treiben die Araber in eben diesen Teichbetten Brunnengruben nieder.

Abends erstieg ich den höchsten Punkt des Atesch, von dem aus man eine hübsche Aussicht auf die umliegenden Berggruppen genießt, von denen ich nur den nach Süden zu gelegenen Djebel Fenies erwähnen will.

Die ganze Ebene, auf welcher solche Felsmassen und Berge zusammengedrängt sind, ist weit reicher mit Buschwerk und einzelnen Bäumen bewachsen, als die Steppen nach Kedaref zu, wo man höchst selten einen Baum zu Gesichte bekommt.

Auf Atesch traf ich nichts Neues; auch hier finden sich viele Affen und Raubthiere. An den Teichen dagegen erlegten meine Leute einige Taucher (ähnlich Podiceps minor) und Halb-Enten.

Abends lagerten bei uns einige Schaikie-Soldaten, von Galabat kommend, welche die für unsere Abyssinier sehr niederschlagende Nachricht brachten, daß Ras-Ali, der faktische Regent von Abyssinien, von Kasa, dem Beherrscher von West-Abyssinien, geschlagen worden sei und neue Unruhen in Abyssinien ausbrechen würden, welche Aussage sich später wirklich bestätigte.

Am 19. December zogen wir zuerst mehr nordöstlich, dann wieder fast östlich durch weites Steppensand, das mit dürren, oft vielleicht über 12′ hohen Gramineen bedeckt ist. Wir begegneten hier einigen Giraffen und Straußen, die, mit mächtigen Schritten die Wüste messend, bald am Horizont verschwanden. Zahlreich sind namentlich Gazellen (Antilope Soemeringii, Rüpp., arabisch Tedal, Antilope Cuvieri, arabisch Ariel, und Ant. Dorcas) und Trappen (Otis Arabs und melanogaster; — ich glaube auch Ot. afra oder afroides beobachtet zu haben). Von mir unbekannten Vögeln sah ich einen hell-silbergrauen und weißen Raubvogel von der Größe des Falco melanopterus, aber mit langen Flügeln, gestrecktem Körper und Sperberartigem Flug (wohl Falco Riocourii?), eine kleine schwärzliche Segler-Art (Cypselus) mit weißen oberen Schwanzdeckfedern und Flüge von Kibitzen (Vanellus pallidus, mihi). Auch trafen wir eine kleine, krüppelhafte Tabaldie (Adansonia digitata) am Wege.

Nördlich von unserem Wege liegt eine kleine Berggruppe, „Om-Grut" (Mutter der Affen) genannt, über die ein etwas näherer Weg von Djebel Arang nach Kebaref führen soll. Südöstlich hatten wir die Berge von Bela in weiter Ferne.

Nach elfstündigem Marsch kam die Karavane an einem kleinen Gebirge an, dessen Form und Vegetation schon von Weitem einen von den früheren Bergen ganz verschiedenen Charakter zeigte. Es heißt Woad-Dambelie, ist mit niedrigem Laubwald ganz bedeckt und scheint bereits aus durch Feuer umgewandelten und gehobenen Gebilden zu bestehen. Der Gipfel trägt eine Masse von Trümmergestein (Quarz-

Brocken, leberbraune und grüngraue mergelige Sandsteine ꝛc.).
Ich erlegte dort einen Aquila rapax, viele Perlhühner und
einen ausgezeichnet schönen Eisvogel, Alcedo coerulea,
Kuhl., der unter einem Felsvorsprung saß und eben Heu=
schrecken gefressen hatte.

Nach kurzer Rast wurde heute nochmals nach Sonnenun=
tergang aufgebrochen und noch 4 Stunden weiter gezogen.

Am folgenden Tage begann die Gegend bebauter und
bewohnter zu werden; hie und da ragten die schwarzen
Dächer von Togul=Dörfern (arab. Hellet) aus unabseh=
baren Durrah=Feldern hervor, das Terrain wurde merklich
hügelig, einzelne Stellen schienen sogar aus schwarzem Moor=
boden zu bestehen, Buschwerk hatte theilweis die Grami=
neen verdrängt und Abansonien und andere Hochbäume
wurden häufiger. An einzelnen Stellen fand ich Basalt=
Trümmer auf dem Boden zerstreut, welche Gebirgsart
aber in der Gegend noch nirgends zu Erhebungen gekom=
men ist.

Gegen Ost und Ostnordost reitend passirten wir einige
Dörfer der Miktinab=Araber (zum Stamme der Dabeina
gehörig) und erreichten nach vierstündigem Marsche den
Hauptort des Distrikts Kedaref: Kanara, ein Dorf von be=
deutendem Umfange, mit guten Brunnen, das früher Haupt=
Stapelplatz des Sudanischen Handels für Abyssinien und
Sauakin war. Kanara ist der Sitz des Kaschefs von Ke=
daref und Raschied, der mit einer schwachen Besatzung
sämmtliche Dabeina= und einen Theil der Schukerie=Araber
im Zaum zu halten hat.

Heute kam auch zufällig ein Bote eines in Abyssinien
lebenden Missionairs mit Briefen für Dr. Reitz und die

apostolische Mission zu Chartum in Kebaref an, der die Nachrichten eines Siegs des Fürsten Kasa bestätigte, gegen den der Ras ben Detschatsch Buru=Goschu ins Feld geschickt hatte. Da Jusuf — so hieß der Bote — ein geborener Abyssinier, auch fertig arabisch sprach, so engagirte ihn Dr. Reitz, der keinen Dragoman bei sich hatte, für die Reise und ließ die übrigen Commissionen Jusuf's in Chartum indeß durch dritte Hand besorgen.

Am 21. December war Markttag in Kanara, aber mit Ausnahme von einigen Maulthieren, Reis, Zucker, Tabak, Baumwollenzeugen, türkischen Schuhen und einigen deutschen Säbelklingen gar nichts zum Verkauf ausgeboten.

Mehrere unserer Leute bekamen hier Fieber=Anfälle und der Koch des Hrn. Dr. Reitz, ein Berberiner, erhielt durch einen unglücklichen Zufall den mit Schrot geladenen Schuß seiner eigenen Pistole in den Unterleib, in Folge dessen er Tags darauf starb.

Ein heute ausgebrochener Steppenbrand steckte auch einige Toguls von Kanara an und bald stand ein großer Theil des Dorfs in lichten Flammen. Es wäre wohl ganz zur Beute des Feuers geworden, wenn der Wind nicht umgeschlagen wäre, da Niemand ans Löschen dachte und die Einwohner ruhig dem Untergang ihrer Habe zusahen. Alla Kerim! Gleich beim Entstehen des Brandes sammelte sich eine Menge von Raubvögeln (Thurmfalken und Weihen), um die durchs Feuer aufgeschreckten Insekten in Empfang zu nehmen. Ich beobachtete dieß später immer bei ähnlichen Bränden, und es ist merkwürdig, wie jene Raubvögel aus weiter Ferne schon sich auf Rauchsäulen losstürzen, um dort Beute zu machen.

Von Kedaref aus führt eine Karavanenstraße nach Sufie am Atbara (1½ Tage) und von dort nach Sauakin am Rothen Meere, eine zweite in die Hauptstadt von Tala, Kassala (6 Tage nordostnördlich), eine dritte nach Djebel Mandera (4 Tage nordwestlich) und von da nach Berber oder Schendy. Außerdem geht ein Weg nach Rera (2½ Tage nordwestnördlich), ein anderer südwestlich nach Djebel Bela (2½ Tage) und von dort über den Rahad und Denber nach Sennaar (6 Tage) — und ein dritter nach Doka, Galabat und Gondar.

In Kedaref fand ich unter Anderem ein interessantes spitzmausartiges, 10″ langes, kaffeebraunes Säugethier mit kurzem, dick-angesetztem, rattenartigem Schwanz und herrlichem Gebiß; auch erlegten wir noch einen Vanellus pallidus, mihi, und trafen ungeheuere Flüge von Störchen (Ciconia alba), die sich in den Durrah-Feldern und an Steppenbränden herumtrieben und deßhalb eine ganz graue Färbung angenommen hatten.

Am 22. December brachen wir Nachmittags wieder auf, ritten zuerst etwa eine Stunde südöstlich, wo ein förmliches Hügelland beginnt, und von dort immer in südlicher Richtung weiter. Mit dem Auftreten von bedeutenderen Unebenheiten im Terrain beginnt hier auch rasch die tropische Waldregion. Es sind meistens hochstämmige Akazien mit ihren Verwandten, Cassia, Zizyphus ɮc., die diese Wälder bilden; einzelner trifft man Abansonien und einen sehr schönen, großen Baum, dessen Rinde und Hülsen Aehnlichkeit mit unserer Roßkastanie haben, nur sind die Schalen der Frucht mit gelbem, stachligem Haar gefüllt und eine Reihe schwarzer, erbsengroßer Kerne liegt längs der Naht

der Fruchtkapsel. Auch sah ich hier die ersten Weihrauch=
bäume, gerade in Blüthe; die Boswellia papyrifera trägt,
wenn sie nicht im tiefsten Schatten steht, nie Blätter und
wechselt auch dann immerwährend ihre Birken=artige Rinde.
Sie heißt auf arabisch Lebân, in Abyssinien Makor.
Uebrigens hat der Baumschlag die Gramineen nichts weniger als verdrängt, und ich habe hier Binsen=Buschwerk
gesehen, das die Höhe eines Reiters zu Kameel fast noch
übertrifft. Wir ritten bis nach Mitternacht und ruhten nach
neunstündigem Marsche im freien Walde einige Stunden.

Den 23. December. Die Gegend wird immer hügeli-
ger, namentlich zwischen dem Dorfe Woad el Amäs und
Doka, wo groteske Basalt= und Lava=Kämme zum Vorschein
kommen. Zwischen Kebaref und Doka ist das Land fast
unbewohnt, und in den dortigen Waldungen werden nach
der Regenzeit reiche Gummi=Ernten gemacht, deren Produkt
aber von nicht guter Qualität ist.

Nach fünf= bis sechsstündigem Marsche erreichten wir
Doka und stiegen bei dem eben hier anwesenden Ibrahim Ka=
schef von Kebaref ab. Hier wurde nun sogleich im Beisein
der abyssinischen Gesandten großer Rath über die Fortsetzung
der Reise gehalten, da man noch nicht einmal über den ein=
zuschlagenden Weg im Reinen war. Die Abyssinier erklärten, daß sie unter keiner Bedingung durch Kasa's Gebiet
gehen würden. Omer=Beg schien sich auch auf ihre Seite
zu neigen, und man beschloß, einen des Weges genau kun=
digen Soldaten zum Ras oder wenigstens nach Gondar zu
senden, um sich von den dortigen Verhältnissen zu unter=
richten, und bis dahin in Doka zu bleiben, da man nach
den verschiedenartigen täglich neu ankommenden Gerüchten,

deren eines dem anderen widersprach, keinen sicheren Entschluß fassen konnte. Wir dagegen sandten einen Boten nach Galabat mit einem Schreiben an den dortigen Schech und einem zweiten an Kasa, worin einfach der Zweck unserer Reise auseinandergesetzt war.

Den ganzen folgenden Tag vertrieb ich mir die Zeit mit Schreiben und Abschreiben von Berichten, in Ermangelung von Schreibpult und Stuhl auf meinem Kameelsattel sitzend.

Den heiligen Christ-Abend feierten wir bei einer Flasche Steyrer-Wein in einer miserabeln Rekuba (Strohhütte). Später wurde sogar noch ein Punsch präparirt, und wenn auch unsere Rhinoceros-Becher nicht so freundlich klangen, als die Gläser am heimathlichen Herde, so galt's nichts desto weniger herzlich den fernen Lieben und Freunden und dem schönen Vaterlande!

Die nächsten Tage benutzte ich zu kleinen Ausflügen in der Umgegend, die für den Naturfreund ungemein Viel darbietet.

Die ganze Gegend hat sich mehr und mehr zu Hügelland umgestaltet und ihre Gesteine sind vulkanischer Natur, theils Trümmergestein mit Chalcedonmassen (in Schnüren), Kalkspath, Chabasit und Leuzit, theils wirkliche Laven, deren Blasenräume mit außerordentlich feinen, langen Mesotypkrystallen angefüllt sind, ferner Basalte mit wenig Olivin und ein grünlich-graues, klingsteinartiges Gebilde, welches hier sehr vorherrschend ist. Auch fand ich zuweilen schon größere lose Stücke von krystallinischem Stilbit und von Leukomelan (Leuzit-Gestein). Das klingsteinartige Gestein bildet große Gräte und Mauern, oft bis zu 100 Fuß senkrechter Höhe (an der Rekuba und dem Denab-el-Kelb), und tritt sogar einmal in schöner, höchst eigenthümlicher Säulenbildung auf. Der Gipfel einer kuppenförmigen Höhe nämlich trägt einen Kranz von starken, gegen die Mittellinie derselben geneigten, unregelmäßig 3- bis 6seitigen Prismen, welche dort, wo diese Kuppe mit einer fast senkrechten, oben nicht über 12 Fuß breiten Felswand zusammenhängt, mehr und mehr eine horizontale Lage annehmen, und auf der Oberseite jener Wand oder jenes Kammes vollständig wagrecht fortsetzen. Weiter unten an den Seiten der Felswand kann man dagegen nichts von diesen Bildungen unterscheiden. Auch bemerkte ich in demselben Felsen einige größere Höhlen und fast bis zur anderen Seite durchsetzende Klüfte von unregelmäßiger Form.

Brunnen sind in der Gegend von Doka ziemlich häufig, namentlich in den Bergen zwischen Doka und Wokin. Ausgezeichnet schön sind namentlich die Abende in diesen kleinen grünen Gebirgsthälchen um Doka. Kühle Nord- und Nordostwinde erfrischen nach schwülem Tage die Gegend; aus den Schluchten steigt der Nebel, der die vom letzten Sonnengold gerötheten Felskämme in den feurigsten Tinten erscheinen läßt; aus allen Ecken und Enden erschallt tausendstimmiger Gesang und Munterkeit der gefiederten Welt; der Wald wiederhallt das Rucksen von großen Taubenflügen; Promerops erythrorhynchus fliegt, Insekten jagend, von einem Baum zum anderen; Lanius capensis, Platysteira senegalensis und Alcedo chelicuti läuten ihren glockenähnlichen Abendsang; die Perlhühner locken schreiend ihre Ketten zusammen und stehen zu vielen Dutzenden zwitschernd auf dichten Hochbäumen, wo sie sicher vor Raubthieren Nachtruhe halten können; schüchtern streckt ein Erd-Eichhörnchen das muntere Köpfchen aus seinem Felsenloch und eilt, wenn es sich sicher glaubt, in weiten Sprüngen die Chors entlang; Nachtschwalben beginnen ihre Jagd im klaren Mondenschein, lautlos daherziehend und mit jeder raschen Wendung sicher eine Beute erhaschend, noch lange, nachdem die letzte Strophe der Freunde des Tageslichts verklungen. Jetzt eilt auch die Gazelle zum Brunnen, der sie tränkt, und nur Hyäne und Ichneumon streifen noch durch Busch und Feld, mit grünleuchtenden Augen einen Schläfer zu erspähen oder sich mit den Resten eines gefallenen Thieres den unersättlichen Magen anzufüllen, bis die Morgenröthe sie in ihre finsteren Winkel bannt.

Von Säugethieren bemerkte ich außer einigen Antilopen-Arten (A. Cuvieri, A. montana, A. oreotragus und A. strepsiceros), Sciurus leucumbrinus, einigen kleinen Mäusen, Fledermäusen und Affen (Cynocephalus) nichts Besonderes.

Von Vögeln folgende:
Vultur occipitalis, Rüpp.; V. leuconotos, Gray; Cathartes Monachus, Temm.
Spizaëtos occipitalis; Aquila rapax, Temm. (ungemein häufig); Aquila naevia; Aq. naevioides; Aq. Bonellii.
Helotarsus ecaudatus.
Circaëtos brachydactylus und pectoralis.
Buteo rufinus, Rüpp., und eine sehr kleine, der europäischen ähnliche Art.
Falco peregrinus; F. Tinnunculus, F. Alopex, mihi.
Meliërax polyzonus, Rüpp.
Circus pallidus, Sykes; C. cineraceus, Mont.

Strix melanotis.
Bubo capensis.
Coracias garrula und abyssinica.
Alcedo chelicuti, Stanley.
Merops persicus; M. coeruleocephalus.
Upupa Epops; Promerops erythrorhynchus.
Nectarinia pulchella; N. metallica und N. affinis.
Oligura micrura; Drymoica clamans und Dr. ruficeps und eine dritte, mir unbekannte Art.
Saxicola Oenanthe und S. Stapazina.
Parus leucomelas, Rüpp.
Motacilla alba.
Turdus cyanus und saxatilis.
Muscipeta melanogaster.
Platysteira senegalensis.
Dicrurus lugubris.
Lanius meridionalis; L. Brubru; L. cubla; L. collaris; L. excubitor; L. personatus; L. ruficeps.
Corvus scapulatus und umbrinus.
Ploceus (eine kleine Art, die noch nicht bestimmt werden konnte).
Vidua paradisea und V. erythrorhyncha.
Fringilla bengalus, elegans, cantans, nitens, frontalis, fasciata, Swainsonii und vier neue Arten: Fr. Carduelis, spec. nova; Spinus auriferus; Serinus leucopygius, mihi, und Euplectes lunatus, mihi.
Emberiza flavigastra, Rüpp.
Plocepasser superciliosus, Rüpp.
Tragopan abyssinicus; Toccus erythrorhynchus und nasutus.

Palaeornis cubicularis.
Barbatula chrysocomus, Temm.
Picus Hemprichii und aethiopicus.
Centropus Monachus.
Columba guinea, risoria, capensis und chalcospilos.
Numida ptilorhyncha.
Francolinus Rüppellii.
Otis arabs und melanogaster.
Oedicnemus crepitans.
Leptoptilos Argala.
Ciconia Abdimii.

Am 28. December beschlossen wir, einen Ausflug auf den nahen Atbara zu machen, der aber durch die Ankunft einiger Leute Kasa's vereitelt wurde. Sie brachten Briefe von Schech Ibrahim (gewöhnlich Woad el Wekil genannt) von Galabat, und wir wurden bald einig, mit ihnen dorthin zu gehen, da sie uns sicheres Geleite zu Kasa versprachen. Omer-Beg, der etwas ängstlicher Natur zu sein schien, konnte sich nicht entschließen, mit uns aufzubrechen. Die abyssinische Gesandtschaft mochte ihm verschiedenes Nachtheiliges über den „Rebellen Kasa" vorgeplaubert haben, und diese Herren hatten, wie es sich später zeigte, wohl einige Ursache, jenem Fürsten aus dem Wege zu gehen. Dagegen bat der armenische Geistliche Gabriel, sich uns anschließen zu dürfen, da er durchaus keine Lust habe, länger mit den Halbmenschen seines Vaterlandes und dem grimmigen Omer-Beg, der in beständiger Fehde mit der ganzen Welt lebte, zu ziehen. Der ägyptische Botschafter war deßhalb heute ungewöhnlich schlecht aufgelegt, da er einsah, daß in uns und Abuna Gabriel eine wichtige moralische Stütze auf seiner gefahrvollen Tour für ihn verloren ging. Aber weder seine süßen Worte noch sein unmäßiges Raisonniren und Schimpfen hatten den geringsten Effekt. Der Chef der abyssinischen Gesandtschaft, der immer in tüchtigen Merissa-Dunst gehüllt war, und Omer-Begs Dragoman mußten die üble Laune des hohen Herrn büßen. Sultan, ein geborener Gonbarer, der etwas französisch und immer in der dritten Person von sich sprach, meinte: Il est voyagé à présent 15 années avec des gens honnêts, cette fois il voyage avec des sauvages de son pays et en compagnie d'une bête turque.

In den letzten Tagen waren einige unserer Diener plötzlich schwer erkrankt und zwei andere, unter denen mein Kaspar, baten mich, sie aus meinem Dienste für die Zeit der Reise zu entlassen. Letzterer wollte sich aber dennoch Abyssinien zum Vortheil meiner naturhistorischen Sammlungen etwas ansehen, und ich gab ihm, da er von seinem Entschluß durchaus nicht abzubringen war, die nöthigen Mittel, einen eben nach Dembea abgehenden türkischen Kavassen zu begleiten. Ein Theil unseres Gepäcks wurde in Dofa zurückgelassen, und wir verließen letzteren Ort am 30. December Nachmittags, nachdem uns die nöthigen Lastkameele von Ibrahim Kaschef besorgt worden waren.

In fast südlicher Richtung zogen wir zwischen dem Torel-hauie und Djebel Achmar durch und erreichten nach 3½stündigem Marsche den Marktflecken Wogin, wo wir übernachteten. Der Atbara ist Wogin ziemlich nahe; der Weg führt über Ramfai (2½ St. von Wogin); von dort erreicht man in 3 St. den Fluß gegenüber dem Dorfe

Grenbo, und von Grenbo bis zum Hauptort des Distrikts Gebaui (gleichen Namens) in Ermetschoho beträgt die Entfernung eine kleine halbe Tagereise. Der Markt von Wogin ist bedeutender als der von Dola, namentlich kommen hier verschiedene abyssinische Produkte: Pferde, Maulesel ꝛc., zum Verkauf. Auch in Wogin lag eine Abtheilung Scheikieh-Araber im Quartier, die, wie es scheint, eine Art Grenzwache bilden sollen.

Von hier zogen wir in südlicher und südostsüdlicher Richtung bis zu den 3½ Stunden entfernten Brunnen von Medek, die wie die zu Wogin gutes Wasser führten.

Nach weiterem ungefähr vierstündigem Marsche in derselben Richtung passirten wir die Grenze von Galabat, hier gebildet durch einen schmalen, niedern Grat von eisenschüssigem Sandstein, der mit schönen Tamarinden-Gruppen bedeckt ist. Unfern der Grenze liegen die Tagruri-Dörfer Hellet-Almas und Hellet-Derwisch, wo wir kurze Zeit rasteten und dann noch gegen 3 Stunden in südwestlicher Richtung, bis zu dem großen Flecken Hellet-Daud, zurücklegten. Von Wogin an fiel mir ein sanftes Steigen des hügeligen, mit vieler Vegetation bedeckten Terrains auf. Schon von Hellet-Almas aus erblickt man im Süden das Gebirge von Ras-el-Fil (Elephantenkopf oder Vorgebirge der Elephanten), dessen höchster Punkt auf seiner Südostseite zu sein scheint, wo die Gebirge ziemlich steil abfallen, was gegen Nord und West nicht der Fall ist.

Am 1. Januar 1853 brachen wir zwei Stunden vor Tag auf und erreichten mit Sonnenaufgang in östlicher Richtung eine mit Baumwollenstauden angebaute Anhöhe dicht vor Ras-el-Fil. — Die ersten Sonnenstrahlen des neuen Jahrs machten auf der vor uns liegenden Landschaft einen herrlichen Effekt. Zu unsern Füßen lag das große Tagruri-Dorf Hellet-Abuma in einer mit Tamarinden, Sykamoren und anderen für uns neuen Hochbäumen bedeckten, hügeligen und mit vielen wasserreichen Chors durchzogenen Niederung. Im Mittelgrunde blickten aus violetten Nebelstreifen einige spitzige Felskegel, links der Djebel-Gedaui und das Atbara-Thal, rechts die mit reicher Vegetation bedeckten Abfälle von Ras-el-Fil und im Hintergrund die blauen Berge von Habesch.

In ungefähr südlicher Richtung, durch eine spärlich mit Baumwolle bebaute, aber um so schöner von der Natur ausgestattete Landschaft, den Chor Kakamut und einige kleinere Bäche überschreitend, erreichten wir nach weiterem fünfstündigem Marsch die Hauptstadt von Galabat: Methemmeh.

Auf dem Wege hierher bemerkte ich die ersten Bambus-Büsche, die aber hier noch nicht recht zu Hause zu sein scheinen.

Die Provinz Galabat, auf der Grenze zwischen dem ägyptischen Gebiet und Abyssinien gelegen, dürfte ungefähr einen Flächeninhalt von 60—80 Quadrat-Meilen haben. Die Einwohnerzahl ist im Verhältniß zu den Nachbarstaaten sehr bedeutend, die Bewohner selbst sind theils Tagruri's (ich verweise in Betreff dieser Neger aus allen Gegenden Central-Afrika's auf die Beobachtungen von Burkhard und anderen Reisenden); theils Araber (Dabeina, Goachla) und Fungi. Der Schech von Galabat, Ibrahim Woad el Wekil, ist selbst Tagruri aus Darfur und behauptet, ein weitläufiger Verwandter des dortigen Sultans zu sein. Er ist dem Namen nach unabhängig, bezahlt aber an die türkische Regierung und an Kasa eine jährliche Abgabe von 4000 Thlr. (3000 Thlr. unter dem Titel Zoll an die erstere und den Rest an letzteren), wozu noch bedeutende Geschenke an die türkischen obersten Beamten kommen. Diese Abgabe wird aber größtentheils nicht in baarem Geld, sondern in Kameelen und vorzüglich abyssinischen Pferden, Maulthieren und Sklaven geliefert.

Die Tagruri, die großentheils schon seit langer Zeit hier ansässig sind und nicht mehr daran denken, aus diesem Paradies in ihre glühenden heimathlichen Steppen zurückzukehren, treiben vorzüglich Ackerbau; sie produziren Durrah und Baumwolle, welche letztere einen sehr geschätzten Handelsartikel für Abyssinien abgibt. Außerdem liefert Galabat etwas Elephantenzähne, Moschus von Viverra Civetta, Rindvieh, Schafe, Kameele, Pferde, Esel, Maulthiere, Honig und Wachs, Tabak 2c.

Galabat bestand als eigener Staat schon lange vor der türkischen Invasion im Sudan und war früher ein sehr bedeutender Stapelplatz für inner-afrikanischen Handel, der mehr und mehr abgenommen hat, in dem Verhältniß, als sich der Verkehr zwischen Aegypten und dem Sudan bildete. Zudem erschwerten die abyssinischen Raubfürsten und ihre sogenannten Zollbeamten die Einfuhr nach Abyssinien bis auf die neuste Zeit, und es ist wenig Aussicht auf Hebung von Ackerbau, Industrie und Handel vorhanden. Der Boden ist außerordentlich fruchtbar, Wasser in hinreichender Menge zugegen, um alle möglichen tropischen Cultur-Pflanzen dort einzuführen. Die Industrie beschränkt sich auf Weben von Baumwollstoffen und Drechseln von verschiebenen Elfenbein-Artikeln, Armbändern, Fingerringen, kleinen Gefäßen, Spielzeug zum Umhängen ꝛc.

Die frühere Hauptstadt von Galabat, Alt-Methemmeh, die jetzt fast unbewohnt ist, liegt 6 Stunden nordwestlich von der jetzigen, am Ras-el-Fil. Methemmeh soll noch vor einem Einfall Kasa's, der den dortigen reich besetzten Markt überrumpelte und den größten Theil der Kaufleute ermordete, von großer Ausdehnung gewesen sein. Jetzt mag es 1200 Einwohner haben, die alle in sogenannten Toguls (Strohhütten mit spitzigen Dächern) wohnen. Der Ort liegt an der Nordseite des wasserreichen Chors Mechaereh, an einem Hügel in kleinen, mit Dornenhecken eingefaßten Häusergruppen zerstreut. Am Chor selbst ist ein großer ebener, schattiger Platz, wo wöchentlich ein Mal Markt abgehalten wird und wo die Gelabs kampiren. Die Umgebungen prangten im schönsten Grün und vorzüglich längs des Chors wuchern stolze, mit Lianenranken ganz bedeckte Hochbäume, hauptsächlich Ebenholzbäume. Das Wasser ist wohlschmeckend, frisch und klar, doch bloß so lange der Gesundheit nicht nachtheilig, als es fließt. Unmittelbar vor der Regenzeit verursacht dessen Genuß, namentlich Fremden, häufig Dysenterien und Fieber.

Unser kurzer Aufenthalt verschaffte mir wenig Gelegenheit zu naturhistorischen Sammlungen. Ich beobachtete aus der Klasse der Vögel: Buphaga africana (Galabat ist der einzige Ort, wo ich dieses Thier antraf, während B. erythrorhyncha in den wärmeren Gegenden Abyssiniens, in Fazoglo, in Korbofan und am Weißen Fluß, sehr häufig ist); Amadina larvata, Rüpp., mit vielen Gattungsverwandten; Spizaëtos, sp. nova; Turdus icterorhynchus,

Herzog von Württemberg; Oriolus (eine ausgezeichnet schöne, wahrscheinlich neue Art); Caprimulgus longipennis (arabisch Abu-Gennàch-arba = Vater der vier Flügel); Hirundo filicaudata; Psittacus cubicularis und Ps. Meyeri; Cuculus Clasii; Columba chalcospilos; Oëna (Columba) capensis; Pterocles Lichtensteinii oder Pt. fasciatus; Scopus Umbretta; Ibis chalcopterus und I. religiosa; Ciconia (Leptoptilos) Argala ꝛc.

Im und am Chor finden sich einige Cyprinen und Chromis nilotica, alle auch im Nil vorkommend, ferner Insekten aller Art, und Abends beobachtete ich eine Menge Leuchtkäfer.

Am 3. Januar gegen Mittag brachen wir mit Schech Kanfur auf, passirten den Chor und zogen dann in südöstlicher Richtung über hügeliges, vulkanisches Terrain, wo ich eine Menge herrlicher Stilbitbildungen beobachtete, nach dem 3½ Stunden entfernten Tagruri-Dorfe Denbelti am Atbara.

Auf mein bringendes Ersuchen, für heute nicht weiter zu ziehen, wurde endlich beschlossen, die Nacht hier zu bleiben, und ich hatte noch etwas Zeit, an den Ufern jenes Flusses umherzustreifen. Diese sind tief zwischen schwarzen vulkanischen Felsmassen eingerissen und mit fast undurchdringlichen Wäldern umgeben, die von Löwen, Büffeln, Nashörnern und großen Antilopen bewohnt werden. Elephanten sollen bloß während der Regenzeit hier vorkommen.

Ich beobachtete von Vögeln: Pandion Haliaëtos und einige kleinere Sperber-Arten; Malaconotus olivaceus; Ixos leucocephalus; verschiedene Lamprotornis-Arten; Psittacus Meyeri; Centropus Monachus; Picus poicephalus und P. Hemprichii; Merops Bullockii; Pterocles fasciatus; Francolinus Rüppellii ꝛc.

Die Wassermasse des Flusses ist wie auch sein Gefälle hier ziemlich bedeutend, und in dieser Gegend verändert er mit seinem Namen auch seinen Lauf. Er kommt nämlich als Goang ungefähr in westlicher Richtung bis Dendelti, von wo aus er unter dem Namen Atbara eine fast nördliche Direktion einschlägt.

Am folgenden Tage setzten wir in aller Frühe unseren Weg in ostsüdöstlicher Richtung fort. Die Gegend ist ganz unbebaut, ziemlich flach und durch viele tiefe Chors, die größtentheils fließendes sehr gutes Wasser enthielten, durchsetzt. Hohe Gramineen und dichtes Buschwerk bedecken die Landschaft, während in der Nähe des Chors Hochbäume oft zu dichten Waldparthien zusammengedrängt stehen. Hier bemerkte ich zum ersten Male einen Riesenbaum, den ich später häufiger in der Kolla von Sarago und an den Zuflüssen des Rahab antraf und der auf arabisch Bedingán-el-fil heißt. Nach achtstündigem Marsch, kurz ehe wir den Fluß Gandoa erreichten, erschienen südlich, in einer Entfernung von 8—10 Stunden, zwei größere Bergkuppen, der Djebel-Edin und Amselau; auch gegen Ost und Nordost zeigten sich nach und nach am Horizont größere Gebirgszüge.

Nach über neunstündigem ununterbrochenem Ritte war endlich die Gandoa erreicht, die auf dem Berg Abretschok im Distrikte Tangab, westlich vom Tana-See, entspringt, im Ganzen einen nordwestlichen, später nördlichen Lauf hat und sich etwa zwei bis drei Stunden nördlich von dem Platz, wo wir sie passirten, mit dem Goang vereinigt. Der Fluß ist noch sehr wasserreich, bildet hier die unbewohnte

Insel Kauki und seine Ufer, namentlich gegen Norden zu, sind mit fast undurchdringlichen Wäldern bedeckt. In den Geröllen am Ufer fand ich Quarzstücke mit etwas kohlensaurem Kupferoxyd. Ich versuchte dem Lauf der Ganboa gegen ihre Mündung zu etwas zu folgen, mußte aber bald wieder umkehren, da Waldungen, Chors und Felsen mir das Weitergehen unmöglich machten.

Beobachtet wurden hier: einige Antilope strepsiceros, eine Menge Büffel-Fährten, Strix lactea, Alcedo maxima, Ploceus flavo-viridis, Caprimulgus longipennis und Plotus Levaillantii.

Die ganze Nacht unterhielten unsere Leute große Feuer aus Furcht vor Raubthieren; ein von Dendelti mitgenommener Ochse wurde geschlachtet und Schech Kanfur unterhielt uns mit Erzählung sehr fabelhaft klingender Raubscenen, die er früher in dieser Gegend aufgeführt haben wollte.

Von hier wird die Gegend mehr und mehr gebirgiger, und unser Weg führte merklich ansteigend ungefähr in der früheren Richtung weiter; 4 Stunden von der Ganboa entfernt trafen wir auf ein kleines Gehöfte mit schönen Baumwollenpflanzungen, dessen Bewohner aber wahrscheinlich bei unserer Annäherung die Flucht ergriffen hatten. Die vielen bis Mittag passirten Wildbäche und Chors haben alle eine westliche und südwestliche Richtung und münden jedenfalls in die Ganboa. In den dortigen Geröllen, die aus Laven, Dolerit, Trachyt ꝛc. bestehen, traf ich u. A. ziemlich große Parthien von Hyalit in der gewöhnlichen Tropfenform, deren Oberfläche aber häufig mit einer spangrünen Rinde überzogen war; ferner sehr schöne Stilbitbildungen und glasigen Feldspath (Ryacolit). Hier beginnt auch mit dem Auftreten der Gebirge die eigentliche Heimath des Bambusrohrs.

Nach siebenstündigem Marsche hatten wir endlich einen größeren Höhenkamm vor uns, den Ausläufer einer steilen Felskette mit tiefen Einrissen und eckigen Vorsprüngen, die hier die Wasserscheide zwischen dem Goang und der Ganboa bildet und Matschala heißt. Nach 2—3stündiger anstrengender Arbeit, namentlich für unsere Lastkameele, war der Höhenzug überstiegen, an dessen jenseitigem Fuße der Markt Wochni liegt. Von der Höhe aus, auf der sich eine Masse von Elephantenspuren zeigten, erblickten wir gegen Süd eine hohe Berglandschaft, die gegen Südwest mehr und mehr abfällt. In letzterer Richtung liegt auch das Gebirge Goara und Zana, das Stammland Kasa's.

Der Ort Wochni selbst besteht aus wenigen kleinen Strohhütten, die unter großen Baumgruppen zerstreut liegen. Allwöchentlich wird ein stark frequentirter Markt abgehalten. Die Gegend hat ganz den Charakter der Kolla-Länder und ist mit wenigen Ausnahmen unangebaut, aber dennoch prangt alle Vegetation in üppiger Fülle. Viele Bäche bewässern die Gegend, überall stößt man auf Quellen und kleine Sümpfe, von dichtem Bambusrohr überschattet; an den Chors und längs der Felsschluchten stehen dichtbelaubte Bäume von einer Höhe, wie ich sie bis jetzt nie gesehen, und hier stießen wir zum ersten Mal auf Kronleuchter-Euphorbien, deren ästige Gipfel eben mit Blüthen bedeckt waren. Es ist dieß zweifelsohne die auch auf den Kanaren und Azoren vorkommende Riesen-Euphorbie, die in Abyssinien Kolqual heißt und, wenn ich nicht irre,

Nach Heuglin. Gedr. b. J.B. Kuhn, München. von v. Emminger.

PROVINZ WOCHNI IN WEST-ABYSSINIEN

Berg Tangad. Berg Angeställn.

auch den wissenschaftlichen Namen E. Colqual erhalten hat.

Ungefähr parallel mit dem Matschala-Gebirge, nur zwei Stunden von ihm entfernt, läuft eine noch höhere Gebirgskette, die wir später zu ersteigen hatten. Ihr bedeutendster Gipfel ist in dieser Gegend der Angebibba; der Gebirgszug südöstlich davon heißt Tschanewa und Tschalo, und hinter diesem in blauer Ferne bemerkt man die noch höheren Berge und Felsspitzen von Tangab. Der Matschala und die Gegenden südwestlich von Angebibba sollen stark bewohnt sein und die meisten Dörfer Kirchen besitzen. Auch ist der Distrikt Wochni sehr reich an Thieren und die hiesige Fauna ziemlich übereinstimmend mit der aller Kolla-Länder. Hier traf ich die ersten Exemplare der schönen, von Dr. Rüppell entdeckten und Colobus Quereza benannten Affenart (Querêsa auf Amharisch und Tigrisch), ferner eine Menge Cercopithecus (virido-griseus und rufus), Antilopen (A. montana und oreotragus), Büffel und namentlich große Rudel des abyssinischen Warzenschweins (Phacochoerus Aeliani, Rüpp.).

Von ornithologischen Vorkommnissen erwähne ich: Falco Alopex, mihi (Smith?); Otus africanus; Scops carniolica; Corvus affinis (in großen Flügen); Prionops cristatus; Lanius aethiopicus; Turdus olivaceus und T. icterorhynchus; Muscipeta melanogaster; Saxicola melaena; Graucalis pectoralis; Fringilla scutata (mihi); verschiedene Buceros; Chizaerhis zonura; Apaloderma Narina; Centropus Monachus und C. affinis; Perl- und Frankolinhühner; Scopus Umbretta 2c. 2c.

Der Distrikt Wochni mit dem südwestlicher gelegenen Mörbibba ist dem Provinz-Gouverneur von Tschelga untergeordnet, und außer einem Schech und Zoll-Einnehmer befinden sich in Wochni keine Beamten. Es ist ganz von abyssinischen Christen, welche die Amhara-Sprache sprechen und in Kleidung und Sitten mit ihren östlicheren Glaubens- und Stammgenossen übereinstimmen, bewohnt. In Mörbibba sind aber auch Tagruri und Araber angesiedelt.

Am 8. Januar erschien ein Bote von Kasa mit zwei Maulthieren für uns und mit der mündlichen Nachricht, daß wir bei seinem Fürsten willkommen seien. Schech Kanfur, der seine benachbarte Heimath besucht hatte, war ebenfalls wieder zurückgekommen, und so wurde beschlossen, Tags darauf weiter zu ziehen. Da von hier aus die Reise bloß noch auf gelenkigeren Lastthieren fortgesetzt werden konnte, sandten wir die Kameele, die ohnedieß in den letzten Tagen sehr gelitten hatten, mit allem noch überflüssigen Gepäck und den bis jetzt gemachten Sammlungen zurück und mietheten von den nach Tschelga heimkehrenden Marktbesuchern zwölf Maulthiere und Esel zum Transport dessen, was uns für die Zukunft unentbehrlich war. Abuna Gabriel kaufte sich noch ein Maulthier, ich ein Gebirgspferd, und so waren am 9. Januar alle Anstalten zum Aufbruch gemacht.

Am Mittag des 9. Januar war das Gepäck nach abyssinischer Art und Weise aufgebunden, d. h. ohne Sattel oder andere Unterlage als höchstens einem Stück Haut mit schmalen Lederriemen auf den Rücken der armen Lastthiere geschnürt, und der Zug, geführt von Schech Kanfur und einigem Gesindel, das er seine Soldaten nannte, setzte sich in ungefähr südöstlicher Richtung in Bewegung. Nach etwa anderthalbstündigem Ritt über eine mit leichten Hügelzügen und Chors unterbrochene waldige Fläche gelangten wir an ein tiefes, nach Südwest mündendes Thal mit ungemein steilen Wänden, in welches eine Art von Weg, d. h. eine mit Geröllmassen bedeckte Schlucht, nach halbstündigem Marsch hinabführt. Die ganze, Bellucha genannte, Thalfläche sammt ihren Wänden ist entweder mit dichten Gramineen und Schlingpflanzen oder mit undurchdringlichem Gebüsch und Urwald bewachsen. Es vereinigen sich hier einige, zum Theil in größeren Stürzen von den Felsen herabfallende Wildbäche, die nach West der Ganboa zu abfließen. Nach einigen Stunden zogen wir, den schönen Berg Angebibba zu unserer Rechten, ein Thal empor bis zu dem Orte, wo die Karavanen gewöhnlich Nachtrast halten.

Am 10. Januar ging es in etwas mehr östlicher Richtung über bodenlose Wege, durch Buschwerk, über Felsblöcke und an jähen Abgründen hin, bergauf und bergab, doch im Ganzen immer höher steigend, in glühender Sonnenhitze vorwärts, ohne unseren Thieren einen Augenblick Rast zu gönnen. Ich hatte von Mittag an, etwas hinter der Karavane zurückbleibend, gejagt, und nicht ohne Erfolg, da ich verschiedene mir bis jetzt unbekannte Thiere, wie Ptilonorhynchus albirostris, Lamprotornis Morio, verschiedene Saxicola-Arten, Oriolus Meloxita, Ptilopachus ventralis ꝛc. antraf, und hatte gar nicht sonderlich geeilt, da ich glaubte, jeden Augenblick auf unsere gelagerte Karavane zu stoßen. Die Wege waren der Art, daß ich nicht anders als im Schritt, oft sogar mein Pferd führend, vordringen konnte. Darüber wurde es Abend und Nacht und ich hatte immer noch keine Spur von unseren Leuten zu Gesicht bekommen. Ein Glück für mich war der Umstand, daß es absolut unmöglich war, sich zu verirren, indem rechts und links Felsen, Baumstämme, Buschwerk ꝛc. den Weg förmlich barrikadirten. Einige Male feuerte ich mein Jagdgewehr ab, aber ohne Antwort zu erhalten. Endlich wurde es so finster, daß ich die nächsten Gegenstände um mich nicht mehr unterscheiden konnte; ich ließ meinem Pferde die Zügel, mich ganz seinem Instinkt anvertrauend. Als sich aber der Weg über eine Schlucht weg etwas nach Osten wendete, glitt jenes aus und wir rutschten, höchst unangenehm vom benachbarten Gestein und Dornhecken berührt, gemeinschaftlich wenigstens 20 Fuß tief in eine Wasserrinne hinab. Nachdem ich mich überzeugt hatte, daß meine Glieder noch in passablem Zustand waren, und mein Schimmel verschiedene, anfänglich vergebliche, Versuche gemacht hatte, sich in der engen Schlucht zu erheben, untersuchte ich den Ort etwas näher, und es gelang mir endlich, mein zitterndes Pferd vorwärts treibend, den Weg wieder zu erreichen, der mich nach weiterem Marsch von einer Stunde an die Lagerfeuer unserer Leute in Wali Dabba führte. Hier erwarteten uns einige Leute des Provinzial-Chefs Letsch Taju von Tschelga, unter anderen zwei hübsche Mädchen, die abgeschickt waren, uns das in ganz Abyssinien gebräuchliche und beliebte Hydromel (amharisch Detsch, tigrisch Maehs oder Mees) zu kredenzen.

Wali Dabba ist nicht Name eines bestimmten Dorfes, sondern der ganzen Gegend und einer dort befindlichen Zoll-Station. In Bellucha soll ebenfalls ein Zoll-Einnehmer wohnen, doch hatten wir zwischen Wochni und hier keine Spur von Bewohnern gefunden. In Wali Dabba aber sahen wir hie und da Toguls, wie Schwalbennester an den Thalwänden hängend, und die Höhen der Gebirge scheinen an Stellen, wo keine Karavanenstraßen durchführen, der Menge Vieh nach, das ich öfter bemerkte, bevölkerter zu sein. Die Eingeborenen sind bloß sogenannte Kamant, eine wahrscheinlich von Christen abstammende Bevölkerung, die eigentlich gar keine Religion hat, aber an christlichen Feiertagen keine Arbeiten verrichtet. Diese Leute, die hier wenigstens von den übrigen Bewohnern von Amhara weder durch Farbe, Gesichtszüge, Kleidung, noch durch Sprache abweichen, sind von den durchziehenden Karavanen als Diebe und Räuber von Profession sehr gefürchtet. Sie treiben etwas Ackerbau und Viehzucht, sollen aber weit harmlosere Geschöpfe sein, als man allgemein glaubt.

Unsere Wegrichtung war heute im Ganzen eine fast östliche, und die direkte Entfernung von Bellucha nach unserem Lager dürfte höchstens sieben Stunden betragen. Wir hatten einige nicht unbedeutende Chors mit immer fließendem Wasser passirt, deren bedeutendste Dorking und Saweskie heißen und die alle zum Flußgebiet der Ganboa zu gehören scheinen. Zur Rechten hatten wir das zu Tangab gehörige Gebirge Meniwachs, in der Nähe unseres Lagers zur Linken den Berg Uhamba (wahrscheinlich Woch=Amba), auf dem sich eine berühmte Kirche befinden soll. Oestlich von Uhamba ist der Berg Entschet=Amba und südlich von diesem der Zer=Amba („Amba" heißt auf amharisch und theilweise auch in Tigre „Berg") mit den Staatsgefängnissen Kasa's.

Am 11. Januar hatten wir noch einen saueren drei bis vierstündigen Marsch bis auf die höchste Höhe von Wali=Dabba, die eine weite, von Nord nach Süd ziehende Hochebene bildet, auf der sich oben benannte Berge erheben. Diese Hochebene ist bloß mit niederem Buschwerk, darunter meh=

rere Rosenarten, Spargeln c., und herrlichen Futterkräutern bewachsen. An den Abhängen und in Einschnitten treten häufig Quellen zu Tage; die Höhe dieses Plateaus beträgt circa 7200 franzöf. Fuß über der Meeresfläche.

Hier eröffnet sich eine wirklich großartige Aussicht nach Ost und Südost. Ganz deutlich unterscheidet man die Berge von Woggára, Bellesa und Begemeder, übersieht den Tana-See fast seiner ganzen Länge nach, und direkt zu den Füßen des Wanderers liegt das Goang-Thal und die reiche Provinz Dembea. Nun führt der Weg wieder bergab, an ziemlich kahlen Bergrücken hin, und nach anderthalbstündigem Ritt erreicht man den Hauptort der Provinz Tschelga, der denselben Namen führt.

Letsch Taju oder Daju hatte uns dort bereits eine Wohnung zurichten lassen und schickte uns einiges Schlachtvieh und Detsch in Ueberfluß. Nachmittags stattete er uns selbst mit seinem Gefolge einen Besuch ab, wobei tüchtig getrunken und uns eröffnet wurde, daß sich Kasa ganz in der Nähe, in Genba, befinde und uns bald erwarte. Inhuf wurde noch an demselben Abend mit einem Schreiben nach Genba abgeschickt, in welchem wir anzeigten, daß wir den nächsten Vormittag dahin aufbrechen würden.

Tschelga ist eine wichtige Markt- und Zoll-Station und Käufer und Verkäufer sammeln sich an den Markttagen auf einem großen freien Platze, etwas entfernt von den sehr zerstreut liegenden Wohnungen des Ortes.

Die Quelle des Goang ist einige Stunden südöstlich von Tschelga und ihre Entfernung vom Tana-See kann auch höchstens das Doppelte betragen. Der Fluß hat anfänglich, bis er das Gebiet von Tschelkin erreicht, eine ganz nörd-

liche Richtung, sein Thal ist weit, von seichten Hügeln ein=
geschlossen, die sich gegen Ost und West an die Gebirge
von Segeth und Wali=Dabba anlehnen.

Die Waldregion der westlichen Thäler und Gebirge hat
ganz aufgehört; man erblickt hier bloß weite Gramineen=
Felder mit ziemlich viel kultivirten Landstrecken. An feuch=
ten Orten und auf Hügeln finden sich oft höchst malerische
Buschwerke und Baumgruppen, unter denen die Euphorbia
Colqual eine Hauptrolle spielt. Hier trafen wir auch einige
Aloë=Arten und auf feuchten Wiesen eine herrliche, weißblü=
hende Amaryllis, die eine Menge Blumen auf jedem Sten=
gel treibt. Dieselbe Art fand ich auch in Süd=Kordofan,
und sie ist von den Schilluk=Ländern an auf dem Weißen
Fluß ziemlich häufig. Auch fielen mir einzelne größere
Hochbäume, unter anderen mehrere Sykomoren=Arten, der
Wanzä=Baum (Cordia abyssinica) 2c., auf.

Von Tschelga nach Gondar soll die Entfernung eine
Tagereise betragen; die Richtung ist Ostnordost.

Abends ließ uns Letsch Taju noch eine schauerlich klin=
gende Nachtmusik von seiner Leibwache aufführen, die den
abyssinischen Kunstsinn charakterisirt. Die Instrumente sind
4—5 Fuß lange, gerade Hörner von Kupfer oder Holz,
von wenigstens 1½ Zoll Durchmesser, mit entsprechendem
Mundstück und einem kleinen, meist gebogenen Trichter am
unteren Ende. Von Takt und Harmonie ist natürlich bei
solchen musikalischen Produktionen nicht die Rede, aber je=
der Musikus wetteifert mit den anderen in Anstrengung
seines gut construirten Blasebalges.

In der Umgebung Tschelga's hatte ich beobachtet: Corvultur crassirostris, Columba semitorquata und C. lu-

gens, Turdus Simensis, viele Sayikolen=Arten 2c., und
die reiche Flora der Gegend lieferte auch gute Beute an
Coleopteren, u. A. wenigstens sechs Arten von Cetonien.

Am 12. Januar hatten sich, als wir gegen 10 Uhr auf=
brechen wollten, unsere bis Genda gemietheten Esel= und
Maulthier=Treiber verlaufen; sie wurden zwar von Letsch
Taju wieder aufgebracht, konnten aber weder von ihm noch
Kanfur dazu bewogen werden, weiter zu gehen ohne eine
Aufbesserung des voraus bedungenen Lohnes. Endlich, etwa
um 11 Uhr, ritten wir mit Taju, Kanfur und einer Truppe
Soldaten ab, passirten nach 1½ St. in südöstlicher Rich=
tung den Goang und erreichten nach wieder etwa 1½ St.
eine größere Kirche in einer Anlage von Juniperus=Bäumen,
welche hier Deed heißen. Dort erwartete uns Kasa's Hof=
staat mit reichgeschirrten Maulthieren, eine Eskorte von
etwa 50 Mann mit Luntenflinten bewaffneter Gallas und
eine Feldmusik, ähnlich der gestern schon gekosteten. Wir
hatten uns in Uniform begeben und mußten nolens volens
die unbequemen bunten Maulthiersattel besteigen.

Unter Musik und Flintenschüssen der Gallas ging's weiter
an den Ruinen einer von Stein erbauten portugiesischen Kirche
vorbei, und nach fast fünfstündigem Marsch (von Tschelga
an gerechnet) erreichten wir den Fuß des kleinen Hügels,
auf dem Genda oder Djenba liegt. Hier war eine Menge
Kasa'scher Truppen mit Musik aufgestellt, die uns unter
beständigem Abbrennen ihrer Luntenflinten bis zu Kasa's
Gehöfte führten. Der Fürst empfing uns in einem großen
steinernen Togul ohne Fenster, der rings mit Vorhängen
und Tüchern behängt und mit einer großen kupfernen Lampe
erleuchtet war. Er ist ein junger, hübscher Mann von

32 Jahren, mit etwas scharfen, fast jüdischen Zügen, und saß bei unserer Ankunft auf erhabenem Ruhebett (amharisch Alga), über das in Form einer Mosquitiere ein Vorhang gezogen war. Seine Füße ruhten auf einem mit rothem Tuch beschlagenen Schemel, der wieder auf einer ganz niederen Alga stand. Zu jeder Seite des etwas in die Rückwand des Toguls einspringenden Ruhebettes stand ein Beamter des Fürsten und etwas entfernter sein Waffenträger mit Lanzen und goldenem Schild; seine Kleidung war nicht verschieden von der eines jeden wohlhabenden Abyssiniers, nur trug er längere, weitere Beinkleider, wie ich dieß in Tigre zuweilen sah. Schuhe scheint er nicht zu besitzen.

Er stand augenblicklich auf, drückte uns die Hand und bat, uns auf den Angarebs niederzulassen, verließ uns aber nach den üblichen Begrüßungen und Glückwünschen zur Ankunft, uns bittend, den Togul als den unsrigen zu betrachten und nach Belieben zu verfahren. Zum Abendessen erschien er wieder. Dieses bestand, da heute Feiertag war, bloß aus auf Kohle gebratenen, fürchterlich gepfefferten Fischen und Tef=Brod. Von Getränken wurde Detsch, Dalla, Wein, der aber leider sauer geworden war, und Branntwein in großer Menge gereicht.

Das Brod in ganz Abyssinien wird aus verschiedenen Mehlarten einfach dadurch bereitet, daß ein Teig mit Wasser angerührt und dieser in dünnen Scheiben auf eisernen Platten, die vorher mit zerstoßenen Ricinus= oder Baumwoll=Körnern oder Fett bestrichen worden sind, halb ausgebacken wird. Die geschätzteste Mehlfrucht ist Tef (Eragrostis), doch wird auch Dagussa (Eleusine), Mais und Büschelmais zur Brodfabrikation verwendet.

Hydromel wird folgendermaßen präparirt: Man mischt acht bis zehn Volum-Theile Wasser mit einem Theil Honig und läßt dieß in einem großen Thongefäß an der Sonne gähren. Nach einigen Tagen wird die Rinde und Wurzel des Rhamnus Staddo, Rich., oder gewöhnlicher die Blätter des Rhamnus pauciflorus, Hochst. (abyssinisch Gescho) zugesetzt, die durch's Gähren und Auflösen des Honigs aufgestiegenen Wachstheile 2c. abgenommen, und nach wiederum einigen Tagen ist das Gebräu fertig.

Dalla (amharisch, tigrisch Soa, arabisch Merissa), eine Art von Bier, wird in Abyssinien meist aus Gerste und Dagussa, in der Kolla und im Suban von Büschelmais, in Korvofan von Dochen fabrizirt. Man bäckt zu dem Ende dünne Brodkuchen, die in Wasser gebrockt werden. Nach zwei Tagen wird gewöhnlich keimende Gerste (in Suban Blätter von Asclepias gigantea) zugesetzt, die den Gährungsprozeß noch befördert. Dieses in Abyssinien meist bloß von der ärmeren Klasse benutzte Nahrungsmittel wird theils vergohren, theils schon während des Gährungsprozesses genossen, im ersteren Fall in Töpfe gesetzt und verpfropft, wobei sich die ganz klare, bierfarbige Flüssigkeit vom Satze säubert. Dieses Bier ist ungemein nahrhaft und ziemlich berauschend, jedoch nicht in dem Grad wie das Hydromel.

Was die Hofhaltung der abyssinischen Fürsten, Landesgesetze, Regierung, Charakter, Sitten, Kleidung der Bewohner des Landes 2c. betrifft, so kann ich hier füglich auf ausführliche Reisewerke, wie die von Bruce, Salt, Valentia, Rüppell, Lefèbvre 2c. verweisen, die, namentlich das letztere, noch außerdem reich mit trefflichen Zeichnungen von Kostümen und dergleichen ausgestattet sind.

Am 13. Januar. In aller Frühe wurden Kasa die von Dr. Reitz mitgebrachten Geschenke überreicht: ein Dongola-Pferd, vier Flinten, Säbel, Pulver, Blei, Kapseln und andere Kleinigkeiten, zu denen ich auch noch ein Gewehr und ein Paar Scheibenpistolen beilegte, von welchen letzteren er mir vorher hatte sagen lassen, daß sie ihm außerordentlich wohl gefielen.

Den anderen Tag ging es zeitlich zum Frühstück, das aus einigen, der türkischen Küche entlehnten, Reis-Speisen, verschiedenen Fleischsorten und rohem Kuhfleisch, dem Lieblingsessen der Abyssinier, bestand. Alles war wie gestern wieder dergestalt mit rothem Pfeffer gewürzt, daß es unserem, gewiß eben nicht verwöhnten, Gaumen kaum möglich war, etwas zu genießen. Das rohe Fleisch — dessen Genuß viele Reisende die hier so häufig vorkommenden Bandwurm-Leiden zuschreiben — fand ich nicht so übelschmeckend, und nur zu bald hatten wir uns an Detsch gewöhnt, der uns später fast unentbehrlich wurde.

Der Fürst war von nun an fast immer um uns. Er unterhielt sich viel über alle möglichen Verhältnisse in Europa, machte alle möglichen Pläne, sich Arbeiter und Werkzeuge dorther kommen zu lassen oder seine eigenen Leute zur Erlernung von Handwerken dahin zu schicken. Er war durch einzelne Fremde und durch die verschiedenen alljährlich von Abyssinien nach Jerusalem pilgernden und reisenden Kaufleute aus dem Sudan und Massaua, so weit man wenigstens erwarten konnte, nicht übel unterrichtet über einzelne europäische und türkische Zustände.

Am meisten beschäftigte ihn unser Kriegswesen, Waffen und Pulverfabrikation, Kanonen, Kriegsschiffe ꝛc., dann die

Person unseres österreichischen Kaisers und Ihre großbrit. Majestät. Eine entschiedene Abneigung gegen Alles, was aus Frankreich kommt, scheint sich vom Besuch eines Reisenden zu datiren, der ihn mit seinen Prahlereien und großartigen Versprechungen in irgend eine Falle führen wollte. Er hatte unter Anderem Kasa versprochen, ihn binnen Kurzem in einem Luftballon zu besuchen; dieser stellte sich sehr erfreut über das Versprechen, ließ unserem Ritter aber alle Waffen und sonstigen ihm gehörigen Gegenstände wegnehmen und ihm bedeuten, er werde ihm Alles beim versprochenen direkten Besuche von Paris wieder einhändigen.

Seine Unterthanen scheint Kasa gut zu behandeln und gegen seine höheren Beamten ist er äußerst loyal und freigebig; er speist nach abyssinischem Brauch immer gemeinschaftlich mit ihnen. Seine Ansprüche gegen Fremde sind, obgleich abyssinisch, doch immer weit bescheidener, als die aller übrigen dortigen Häuptlinge, die ich kennen lernte. Er liebt Pracht und Lärm, ist ein tapferer Kämpe in der Feldschlacht und hinter dem Detsch-Becher, scheint aber mit Ausnahme von einigen wirklich kostbaren Teppichen und europäischen Waffen, Sklaven ꝛc. nichts zu besitzen. Ueber seinen Einfluß auf seine Chefs und sein Volk kann ich nicht urtheilen, doch scheint er populärer zu sein, als Ubie und der Ras.

Die Familie des Detschatsch-Matsch*) Kasa stammt ursprünglich aus den westlichsten Grenzen von Amhara, aus der Provinz Goara, und namentlich sein Vater und sein älterer

---

*) Das Wort Detschatsch-Matsch oder tigrisch bloß Detachatsch heißt wörtlich „Thürhüter" und scheint hier so viel als Flügelführer, „Herzog", zu bedeuten.

Bruder Domfuh scheinen dessen Grenzen sehr erweitert zu haben. Goara und Zana (nicht zu verwechseln mit Shana in Tigre), Wochni, Sarago, Dagossa, Agumeder und Agau scheinen schon längere Zeit seinem Reich einverleibt zu sein, und hiezu kam außer verschiedenen Galla-Provinzen im Süden das schöne Dembea am Tana-See, dessen Grenzen bis eine Stunde vor Gondar reichen. Diese Provinz war ursprüngliches Besitzthum der Mutter Ras-Ali's, die öfter gegen ihn zu Felde zog und endlich von ihm gefangen genommen und bloß gegen Abtreten Dembea's wieder in Freiheit gesetzt wurde. Nun hatte Kasa's Schwiegervater, Ras-Ali, auch schon längere Zeit mit scheelen Augen dessen wachsende Macht und Ansehen beobachtet. Der Detschatsch wurde nachlässiger im Bezahlen der an Ras-Ali zu entrichtenden Abgaben und Geschenke, sein Einfluß in Gondar selbst immer größer, so daß der Ras, vielleicht auch Angedenkens der seiner Mutter ertheilten Schlappe, nach mehrfachen Differenzen im Jahre 1850 die Provinzen nördlich und westlich vom Tana-See einem getreueren Satrapen, dem Detschatsch Buru Goschu von Godjam, zum Geschenk machte, natürlich mit der Bedingung, daß er sich das Land erst erobere. Buru Goschu fiel alsbald in seine neuen Lande mit großer Macht ein, und Kasa, dessen vereinzelte Truppen überall zurückwichen und welcher weder so tüchtige Pferde wie die Gallas, noch eine solche Menge Feuergewehre besaß, wie sein Gegner gegen ihn operiren lassen konnte, zog sich mit schwachem Anhang über Dagossa und Sarago in die Gebirge seines Stammsitzes zurück, während Buru Goschu sich sorglos in Dembea niederließ. Im Stillen sammelte Kasa nun ein Häuflein Getreuer, zog seinen Heerdann aus Agau, Balieh ꝛc. zusammen und rückte unvermuthet auf Eilmärschen im November 1852 in Dembea ein, überfiel Byru Goschu plötzlich und schlug seine Feinde in einer mörderischen Schlacht zwischen Dembea und Tschangar am Tana-See, in welcher Goschu blieb und sein ganzes Lager in Kasa's Hände fiel.

Dem heimtückischen Ras wurde jetzt zu eng in Gondar. Er, der an und für sich wohl nicht mehr disponible Macht hat, als Kasa oder gar Ubie, glaubte sich dort und so nahe an Kasa's neu eroberten Grenzen nicht mehr sicher und schlug seine Residenz in Debra Tabor (in den Gebirgen von Begemeder, östlich vom Tana-See) auf, Gondar seinem Schicksale überlassend. Später siedelte er sogar nach Godjam in die Stadt Bitschaena, eine Tagereise westlich vom Blauen Nil, über.

Ueber die nunmehrigen Absichten Ras-Ali's gegen Kasa schien letzterer ganz genau unterrichtet; er wußte, daß sein Land dem Sohne des Ras geschenkt und alle abyssinischen Fürsten gegen ihn zum Krieg aufgerufen waren. Vergeblich reiste eine Gesandtschaft, bestehend aus den höchsten Staatsbeamten von Gondar, den Vertretern der Geistlichkeit und der Kaufleute, nach Bitschaena, um den Groll Ras-Ali's zu besänftigen; vergebens that Kasa selbst Schritte, ihm auseinanderzusetzen, daß er bloß seine Besitzungen vertheidige und sonst sein getreuester Vasall sei.

So standen die Akten bei unserer Ankunft im Januar 1853. Wir blieben vier Tage hier, da wir hofften, Kasa auf dem Rückwege wieder zu treffen, vertrieben uns die Zeit mit Jagd und kleinen Ausflügen in benachbarte Kirchen und machten eine Tour an den schönen Tana, der bloß vier Stunden von Genda entfernt ist. Der Weg dahin führte uns über den großen Ort Tschangar und dann längs dem aus Nordost kommenden Chor Derma bis zu einer kleinen Bucht an der Ostseite des Vorgebirges von Gorgora.

Die Wasserscheide zwischen jenem See, der in der rings an seinen Ufern herrschenden Amhara-Sprache Tana, in Tigre aber Tsana und meines Wissens nirgends Dembea heißt, und dem Goang bildet hier eine kleine buschige Hochebene, die aber höchstens 150 Fuß höher als der Tana-Spiegel sein kann, und ich glaube fast annehmen zu dürfen, daß die Goang-Quelle tiefer liegt, als die See-Oberfläche. Diese Wasserscheide zieht sich von Genda, kaum an Höhe zunehmend, nördlich bis zum Seget-Gebirge.

Die Nordseite des Sees ist ganz eben, mit Ausnahme des Vorgebirges Gorgora, auf das ich später zurückkommen werde. Am Ufer trafen wir zahllose Rindvieh-Heerden auf reichen Weiden, aber wenig angebautes Land, mit Ausnahme der Gegend von Tschangar, wo vorzüglich Hülsenfrüchte kultivirt werden.

In den Umgebungen von Genda beobachtete oder erlegte ich: einige Drymoica-Arten, Ploceus flavoviridis, Saxicola albiscapulata, S. semirufa, S. sordida, Gracula gallinacea, Bessonornis semirufa, Vanellus melanopterus und V. senegalensis, Rallus abyssinicus, Anas sparsa und Carbo africanus.

Auffallend war mir die Menge von Ardea atricollis, die überall auf dürren Feldern, Heuschrecken und Käfer fangend, anzutreffen waren.

Am 16. Januar Nachmittags brachen wir von Genda auf, nachdem Kafa noch dem Dr. Reitz und dessen Dragoman, Abuna Gabriel, mir und meinem Diener ein gesatteltes und gezäumtes Maulthier zugeschickt hatte. Unser Gepäck ließ der Fürst durch seine eigenen Leute unter starker Begleitung nach Gonbar schaffen, uns wurden einige Offiziere als Führer beigegeben, wie auch die nöthigen Speisen und Detsch für den kommenden Abend, die durch Diener und Sklavinnen in's Nachtquartier vorausgeschickt worden waren.

Nach dreistündigem Ritt gegen Ost über die Wasserscheide zwischen Goang und Tana erreichten wir das große Dorf Fendja mit seiner berühmten Kirche und den Ruinen eines alten kleinen Kastells. Im Hause des höchsten Geistlichen wurden wir einquartiert, der aber mit unserer Visite nichts weniger als zufrieden zu sein schien. Im Innern des Hauses herrschte vollständige Finsterniß. Nachdem unsere Lampen angezündet, erblickten wir den würdigen Geistlichen mürrisch auf einer Alga sitzend, seinen Mund mit der Schamma (großes Baumwolltuch, das als Mantel dient) verhüllend. Wir grüßten, der Mann dankte nicht; auf unsere Teppiche niedergekauert ließen wir Kaffee kommen, der ebenfalls von unserem stummen Gastwirth verschmäht wurde. Abends war starker Gewitterregen gefallen, der sich später zu meinem großen Leidwesen wiederholte, da es mir weit lieber gewesen wäre, im Freien zu schlafen, um wenigstens von den Myriaden hier hausenden Ungeziefers befreit zu sein.

Am 17. Januar war unsere Wegrichtung wieder ungefähr östlich mit geringer Neigung nach Nord. Wir stiegen den Hügel von Fendja hinab zum Chor Derma, durchzogen dann ein von verschiedenen anderen kleinen Gewässern, deren bedeutendste Gabikora, Demasa und Schenba heißen, durchschnittenes, ebenes, stellenweise sumpfiges, aber gut bebautes Terrain, 6½ Stunden weit, bis auf einen kleinen Bergrücken, von dem aus man eine überraschende Aussicht auf das alte Gondar hat.

Die Stadt Assaso am Chor Demasa rechts lassend, ging es in nordöstlicher Richtung noch zwei Stunden weit über einen kleinen Hügelzug und durch das Thal der Gaha, von dem aus wir auf halsbrecherischen Wegen nach Gondar hinaufkletterten.

Im Hause Kasa's, einem zweistöckigen, sehr baufälligen Thurm, im Quartier der politischen Freistätte (amharisch Oetsch-Egge-Bed) gelegen, stiegen wir ab und richteten uns dort auf einige Wochen so wohnlich als möglich ein.

Die Stadt Gondar liegt auf einem von Nord nach Süd ziehenden Bergvorsprung, der steil in die Thäler abfällt. Sie besteht aus zwei streng getheilten Quartieren, dem der Christen und dem der Muhamedaner. Den wenigen Juden ist ein Platz jenseits des Chors Gaha zum Wohnsitz angewiesen. Die christliche Bevölkerung wohnt auf der Höhe des Berges, wo auch der Palast des Negûs (Königs), verschiedene Klöster, Kirchen, die politische Freistätte und der Marktplatz sich befinden. Am südwestlichen Abhange liegt die Stadt der Muhamedaner (hier Geberti genannt), welche meist Handel treiben. Die Straßen sind im höchsten Grade schmutzig, oft steil, krumm und eng, die Wohnungen, welche häufig zwei Stockwerke haben, gewöhnlich aus Stein aufgeführt, rund und mit Stroh- oder Schilfdächern gedeckt und häufig umgeben von einem geschlossenen Hofraum.

Die ganze Einwohnerzahl schätze ich auf höchstens 5-

bis 6000, doch dürfte die Stadt, den vielen leer stehenden und in Trümmern liegenden ganzen Quartieren und Häusern nach zu schließen, noch vor wenigen Jahrzehnten mehr als das Doppelte der jetzigen Bevölkerung beherbergt haben.

Das weitläufige, alte, feste Königsschloß liegt größtentheils in Trümmern, wie auch die benachbarten Reste alter königlicher Pracht: das 1¼ St. westlich von Gondar gelegene Koskam und die Bäder und Paläste an der Gaha. Eine vollständige Beschreibung dieser Gebäulichkeiten, der Kirchen und der Stadt überhaupt findet sich in Rüppell's Reise in Abyssinien Bd. 2. S. 90 ff. Jener Gelehrte scheint bei dem von ihm Gatra Mankit (man nannte es mir Fasil Ades) benannten Lustschlosse im Gaha-Thal einen kleinen, runden, tempelförmigen Bau übersehen zu haben. Dieses Gebäude besteht aus einer vielleicht 25 Fuß im Durchmesser haltenden Kuppel, getragen von Säulen. Der Fußboden desselben ist ganz glatt, von Stuccatur gearbeitet, und sonst gar nichts zu bemerken, das seinen eigentlichen Zweck anzeigte. Ich besuchte den Platz ganz allein und verstand damals noch zu wenig Amharisch, um bei einigen eben anwesenden Schriftgelehrten (Defterer) mir genauern Rath erholen zu können. Verstand ich die Leute richtig, so sagten sie mir, es sei das Grabmal eines Leibpferdes eines früher hier residirenden Kaisers oder höchsten Geistlichen (Hashei) und heiße Faras Hashei oder Megábr Sobehr.

Alle jene Rüppell'schen Beschreibungen sind ungemein genau und ausführlich, nur glaube ich hinzufügen zu müssen, daß leider seit der Anwesenheit dieses Reisenden jene Alterthümer mehr und mehr dem Zahn der Zeit erlegen sind.

In Gondar wurden wir, wie gewiß jeder Fremde, den ganzen langen Tag von Besuchern beglückt und belästigt, obgleich wir in der ersten Zeit Niemandem unsere Aufwartung machten. Der Zweck der Meisten — ich möchte sagen Aller — war: "zu betteln". Das geschieht auf die mannigfaltigste, gewöhnlich aber plumpste Weise. Unter Anderen präsentirten sich eine Menge Geistlicher und Schriftgelehrter, ferner Detschatsch Morsu (Ubie's Bruder), der hier im Detsch-Egge in Verbannung lebt, Asfa Wosen, der jetzige Besitzer des Lusthauses von Koskam, nebst vielen anderen Gliedern der kaiserlichen und übrigen fürstlichen Familien, einige wohlhabendere Kaufleute, sowohl Christen als Gebertis ꝛc. Von den wenigen in Abyssinien wohnenden Europäern war Niemand anwesend, nicht einmal die apostolischen Missionäre Biancheri und Giusto, die sich nebst einem Engländer aus der Umgebung des Ras (Ingenieur Bell) in Bitschaena und Debra-Tabor befanden.

Der Verkehr schien zu jener Zeit, wegen der politischen Wirren, sehr darnieder zu liegen. Die wohlhabenderen Handelsleute hatten ihre Güter in die Kirchen geflüchtet. Ueberhaupt scheint die Stadt weniger kommerzielle Wichtigkeit zu haben, als z. B. die Ortschaften Eifag, Derita, Goraba. Die Industrie ist natürlich hier zu Lande ebenso gedrückt wie der Handel.

Ich besuchte in Gondar Gold- und Silberarbeiter, welche, wie die Schmiede, Maurer und Zimmerleute, Juden oder Kamants sind. Sie fertigen mit den allereinfachsten Instrumenten einige getriebene Arbeiten, wie Verzierungen auf Schilde ꝛc., dann kleine Kettchen, Ohr- und Fingerringe. Auch sah ich Sattler, die wirklich in ihrer Art hübsche und

solide Sättel und Geschirre von einheimischem Leder für
Pferde und Maulthiere liefern; Kupfergießer, die verschie=
bene Zierathen auf Pferdegeschirr, Kettchen, Glöckchen ꝛc.
fertigen; Dreher, deren Hauptarbeit im Anfertigen von
großen Trinkhörnern (Wantscha) aus Steinbock=, Büffel=
und Ochsenhorn besteht; ferner Schmiede, Baumeister,
Korbflechter und Pulverfabrikanten. Der bedeutendste Indu=
striezweig ist wohl die Verarbeitung von Baumwolle zu
verschiedenen Zeugen, namentlich zu Umhängetüchern für
beide Geschlechter (Schamma), die je nach Qualität und
Schönheit der rothen oder bunten Borden den Preis von
1 bis 12 Thlr. haben; das Weben besorgen meist Weiber
und Mädchen, ebenso das Sticken von Hemden für vor=
nehme Damen. Auch finden sich einige Schuster in Gon=
bar, welche aber ausschließlich für die Geistlichkeit arbeiten,
da alle übrigen Abyssinier entweder barfuß gehen oder
Sandalen tragen. Die Schuhe der Geistlichen sind sehr
stark, mit dicken weißen Sohlen und schwarzem Oberleder,
ungefähr von der Form der gewöhnlichen türkischen Ueber=
schuhe, aber mit breiterer, spiralförmig auf= und rückwärts=
gebogener Spitze.

Fast alle meine freie Zeit in Gondar hatte ich darauf
verwendet, meine naturhistorischen Sammlungen zu berei=
chern, indem ich glaubte, später mit einigen unserer neuen
Bekanntschaften besser das Sehenswerthe der Kaiserstadt in
Augenschein nehmen zu können, was aber, eingetretener
unvorhergesehener Umstände wegen, nicht in dem Maaße
geschehen konnte, wie ich es wünschte.

Zweiter Abschnitt.

Reise von Gondar nach Simën.

In den letzten Tagen des Januar 1853 waren zwei Boten unseres in Tigre eingebürgerten Landsmannes Dr. Schimper, der zu jener Zeit in der neuen Residenz des Fürsten von Tigre, Detschatsch Ubie, zu Debr-Eski in der Provinz Simên, beschäftigt war, bei uns in Gondar eingetroffen, mit dem Auftrage, uns zum beabsichtigten Besuche bei Schimper und Ubie als Führer zu dienen.

So schnell als möglich wurden die allernöthigsten Effekten und die zu jenem Ausflug nöthigen Provisionen zusammengepackt; unser übriges Gepäck nebst meinen Sammlungen beabsichtigten wir in der politischen Freistätte bei dem bereits bekannten Detsch-Egge, Abt el Mariam zu deponiren. Der letztere machte einige Schwierigkeiten, wurde aber von unserem armenischen Geistlichen doch endlich zur Einwilligung bewogen, indem er ihm vorstellte, ein Theil des ihm anzuvertrauenden Gutes bestehe in Geschenken für den Ras, für deren sichere Aufbewahrung ihm der letztere und namentlich auch wir jedenfalls thätlich erkenntlich sein würden. Der Detsch-Egge sandte bald darauf einen Diener, der sich die Quantität des Gepäcks etwas ansehen und zugleich für seinen Herrn einen rothen arabischen Burnus von Dr. Reitz erbetteln sollte, wobei der Mann auch nicht versäumte, eine bescheidene Bitte um Berücksichtigung seiner Börse anzubringen. Auf Abt el Mariam's und seines Dieners Angehen wurde natürlich nicht reflektirt, letzterem aber zugesichert, daß er wie sein Gebieter bei bereinstiger Zurückerstattung des Deponirten mit einem angemessenen Geschenke bedacht werden solle. Nachdem ein in amharischer Sprache geschriebenes Verzeichniß jener Gegenstände zu Stande gebracht worden, sandten wir eine Abschrift desselben dem Detsch-Egge mit der Bitte, nun unseren Leuten den Platz anzuweisen, wo dieselben aufbewahrt werden könnten. Unglücklicher Weise feierte aber das geistliche Oberhaupt Gondar's an jenem Tage (1. Februar) ein Fest, an dem eine Menge Gäste Theil nahmen. Wie bei solchen Gelegenheiten üblich, hatten jene Herren im Genusse von Detsch auch etwas Außergewöhnliches geleistet und keiner der Geistlichen war für heute im Stande, uns willfahren zu können.

Es blieb uns — da wir die Abreise nicht mehr länger aufschieben wollten — nichts weiter übrig, als die bereits in den Hof des Detsch-Egge gebrachten Gegenstände, trotz der Protestation der auch keineswegs nüchternen Dienerschaft desselben und seiner Gäste, wieder zurückzunehmen und in Kasa's Wohnhause an einem feuerfesten Orte einzumauern. Zu ihrer Bewachung blieben ein arabischer und ein abyssinischer Diener dort zurück.

Am 2. Februar sollte endlich abgereist werden. Wir waren deßhalb heute lange vor der Sonne aufgestanden und mit Packen und Satteln unserer Lastthiere beschäftigt, als in unserer Nachbarschaft ein großer Lärm entstand, über dessen Ursache wir nicht alsbald in's Klare kommen konnten.

Eine Menge abyssinischer Soldaten hatten schlagfertig die Straßen besetzt, Weiber und Kinder flohen heulend aus dem kleinen östlich von unserer Wohnung liegenden Quartier, in welches Bewaffnete mit vielem Geschrei und Tumult eindrangen. Auf meine an verschiedene Personen gerichtete Frage nach der Ursache der Unruhe erhielt ich die Antwort, daß die Leute Jagd auf ein wildes Thier machten. Ich verstand aber bei dessen näherer Bezeichnung statt Newer (Leopard) Aner (eine kleinere wilde Katzenart), was ich Dr. Reitz mittheilte. Dieser ergriff in der Eile mein gewöhnliches Jagdgewehr (unsere anderen Waffen waren alle schon von den Dienern in Beschlag genommen), und ich fand im Augenblick des Durcheinanders bloß eine einfache Büchse mit kleinem Blei, deren vorzügliche Qualität mir aber längst bekannt war. Wieder auf der Straße angelangt, erfuhr ich meinen Irrthum bezüglich der Namensverwechselung der Bestie, und man bezeichnete mir einen von hohem Rohr (Arundo Donax?) und einer Dornhecke umgebenen Togul, in den sich der Leopard geflüchtet haben sollte. Keiner der Soldaten wollte mir aber das Thor öffnen, und alle, obgleich gut bewaffnet, hielten sich in bescheidener Entfernung von jenem Gebäude. Ich war genöthigt, das Hofthor einzuschlagen, welche Operation in Anbetracht der soliden Bauart der abyssinischen Häuser nicht mit der geringsten Schwierigkeit verbunden war. Im kleinen Gehöfte war nichts zu bemerken, die Thüre des Toguls stand offen, und ich trat schußfertig ein. Der Leopard, der sich wirklich dorthin zurückgezogen, empfing mich mit einem Brüllen, das mich im ersten Augenblick wirklich etwas außer Fassung brachte; auch konnte ich — noch vom

Tageslicht geblendet — in dem dunkeln Togul meinen
Gegner nicht einmal sehen. Sobald ich wußte, daß wir
uns gegenüberstanden, trat ich aus der Thüre etwas auf
die Seite, um der Bestie für den Fall eines freiwilligen
eiligen Abzugs von der Wahlstatt nicht gerade ungeschickt
in den Weg zu kommen. Gleichzeitig fiel mehr Licht in
die Hütte und meine Augen gewöhnten sich nach einigen
Sekunden etwas an die Dunkelheit. Das Thier stand,
zum Sprung niedergedrückt, fünf Schritte mir gegenüber.
Jetzt galt es offenbar, sich nicht lange zu bedenken; ich
zielte einen Augenblick, so ruhig, als es eben gehen wollte —
der Schuß krachte und die Bestie war mit einem Satz
im Freien! Gefehlt konnte ich nicht haben und aus der
Stille der das Gehöfte umgebenden Menge schließen, daß
das Thier die Einzäunung nicht übersprungen. Munition,
um mein abgeschossenes Gewehr wieder zu laden, hatte ich
nicht bei mir, aber an der Thür des Toguls hatte ich vor
dem Eintreten eine Lanze bemerkt, der ich mich bemäch=
tigte und so das Gehöfte durchsuchte. In einer Ecke des=
selben stand noch eine kleine Hütte, zur Aufbewahrung von
Cerealien bestimmt, der ich mich vorsichtig näherte. Die
Baraque hatte kaum 6 Fuß Durchmesser und der Leopard
lag mit nach der Thüre gewendetem Kopfe darin, ebenfalls
wieder wie zum Sprunge niedergedrückt und heulend den
Rachen gegen mich aufreißend. Doch schien ihm die Stimme
versagen zu wollen, und eine kleine Blutlache auf der Schwelle
war mir ein anderer sicherer Beweis, daß der Schuß ge=
troffen. Umzukehren und einige Leute zu rufen, wagte ich
nicht, da ich wußte, daß der Leopard mich dann unfehlbar
verfolgen würde. Noch einen Schritt wagte ich näher, da

seine Kraft mit jedem Augenblick abzunehmen schien. Als meine vorgehaltene Lanze noch einen Fuß von ihm entfernt sein mochte, machte er einen Versuch, sich zu erheben, brach aber wieder zusammen — ein Lanzenstoß — und die Bestie streckte zum letzten Male ihre Glieder, noch einige Momente blind und lautlos um sich beißend!

Gegen 10 Uhr Vormittags ritten wir von Gonbar ab. Ein Maulthier und ein Esel trugen unsere ganze Habseligkeit für die Tour. Dr. Reitz, Gabriel und ich hatten jeder ein Maulthier und ein Pferd zum Reiten mit, unsere sudanische Dienerschaft war auf den Kameeltreiber Tom und meinen Jäger Muhamed reducirt. Unser Weg führte etwa 2 Stunden in fast östlicher Richtung quer über das Thal des Angrab (nicht zu verwechseln mit dem auch in Woggara entspringenden größern Flusse gleichen Namens, der als Basalam in nordwestlicher Richtung unfern Doka in den Atbara fällt) und durch ein in das letztere mündendes Seitenthal; dann mußte ein steiler Bergrücken überstiegen werden, welcher in den im engen Magetsch-Thale gelegenen, von Kament bewohnten Distrikt Bambulo führt, wo eine hübsche, von den Portugiesen erbaute und noch ganz gut erhaltene Brücke, 40 Schritt lang, in drei Spitzbogen hoch über letztern Fluß gesprengt ist. Die Quellen desselben befinden sich 3 Stunden nordöstlich von der Brücke, an den Abfällen des Plateaus von Woggara, das wir nach weiterem zweistündigem Marsch in ungefähr derselben Richtung, und den Magetsch links lassend, erstiegen. Der sehr frequente Weg ist im Vergleich zu anderen abyssinischen Gebirgspässen nicht eben schlecht; die Gesteine bestehen aus fleischröthlichem Trachyt mit sehr vielen und großen Cha basit- und Kalkspath-Krystallen. Der ganze Abhang ist mit Dickicht und Baumschlag reich besetzt, vorzüglich die Schluchten, und gegen das etwa 8000 Fuß hohe Plateau treten eine Menge Flechtenarten auf, welche den rauhen Rinden verschiedener Bäume ein eigenes ehrwürdiges Ansehen geben. An einem in hohen Kaskaden in's Thal sich stürzenden, etwas südöstlich von unserem Wege gelegenen Bache bemerkten wir einige Affen, auf die ich sogleich Jagd machte. Sie mußten aber an derartige Besuche gewöhnt sein und flüchteten sich bellend über eine Schlucht, deren uns gegenüberliegende Seite von einer großen Anzahl dieser Thiere besetzt war. Es war die von Rüppell als Macacus Gelada beschriebene Art, doch bemerkte ich auch einige wahrscheinlich einer anderen angehörige Individuen in der Nähe derselben. Diese schienen von ganz hell-, rein aschgrauer Färbung zu sein, hatten wenigstens die Größe eines vollkommen ausgewachsenen Hamadryas und schienen der anderen Gesellschaft nicht anzugehören; auch hatten sie keine schwarzbraunen Füße, wie der Dschellaba (abyssinischer Landesname für Macacus Gelada), und der Balg, namentlich die Kopfgegend, ist noch länger behaart.

Die Hochebene von Woggara scheint vom südwestlichen Rande, wo wir sie zuerst betraten, immer noch eine sanfte Ansteigung gegen die entgegengesetzte Richtung zu haben. Es ist ein durch Hügelreihen, einzelne niedere Gipfel und tiefe Schluchten zerrissenes Hochland, für Ackerbau sehr geeignet, aber fast ohne Baumschlag und wenig bewohnt, da in dem zweiten Kriege zwischen Ubie und Ras Ali im J. 18^{46}/$_{47}$ jene Provinz der Tummelplatz der Ras'schen Truppen war, die natürlich Alles verheerten und ausplünderten.

Der Mangel an Hochbäumen kommt eines Theils von dem hier allgemein üblichen Anzünden der Alles bedeckenden Gramineen zur trockenen Jahreszeit, bei welcher Gelegenheit neu aufkeimende Bäume verderben, theils und wahrscheinlich hauptsächlich davon, daß die Eingeborenen, welche eben nicht sparsam mit dem Holz umgehen, sich die Mühe nicht geben, Holzkulturen zu begünstigen und anzulegen. Dieß ist bloß in der Nähe der Kirchen der Fall, die, wie überall in Abyssinien, an sehr hübsch gelegenen Punkten erbaut, mit Oliven, einer herrlichen Juniperus-Art (amhar. Deed), Sykomoren, Kronleuchter-Euphorbien ꝛc. umgeben werden. Die hierdurch sich bildenden Wäldchen werden als heilige Plätze nicht entholzt, und auch wenn die Kirche längst in Ruinen liegt, wagt es keine Axt, in diese Tempel der Natur einzubrechen.

Abends langten wir noch in dem Grenzorte Jsak Dever an, wo sich ein berühmtes Kloster befindet. Trotz aller günstigen Berichte der uns etwas vorausgeeilten Diener Schimper's, die uns ein Nachtquartier und Brod für unsere Leute verschaffen sollten, nahm uns kein Mensch dort auf, und wir mußten in der Nähe des Ortes im Freien, bei sehr empfindlicher Kälte, die Nacht zubringen. Sowohl deßhalb, als vorzüglich wegen einer Menge unsere Pferde und Maulthiere attakirender Hyänen, auf die wir der Dunkelheit halber nicht einmal einen sichern Schuß anbringen konnten, war uns trotz aller Müdigkeit der Schlaf nicht vergönnt. Die uns zugesandten Diener Schimper's wollten einen Brief Ubie's an seinen Sohn, den Detschatsch von Woggara, erhalten haben, der ihnen nach verschiedenen Umständen einen seiner Soldaten als Führer und Quartiermacher zugesagt habe. Derselbe fand sich aber nicht ein, und die ganze Sache schien auf eine abyssinische Lüge hinauszulaufen.

Wir hatten heute eine Strecke von 7 Stunden in nordnordöstlicher Richtung zurückgelegt.

Am 3. brachen wir sehr früh auf und kamen nach einer halben Stunde in nordöstlicher Richtung in ein flaches, sumpfiges Hochmoor mit einigen großen Lachen und Kanälen, die von Anas sparsa wimmelten. Auch trafen wir hier viele Rallus abyssinicus, einige Gypogeranus serpentarius und zwei Paare Bernicla cyanoptera, von denen es mir gelang eine zu erlegen. Bei Fortsetzung unseres Weges trafen wir einige Bartgeier, viele Ibis carunculata, Buteo Augur, Picus poicephalus, Swains., und Parus dorsatus. Auch beobachtete ich einzelne ziemlich hohe Kusso-Bäume (Brayera anthelminthica), die in schönster Blüthe standen. Mittags lagerten wir bei einigen käfigförmigen Strohhütten, bei welcher Gelegenheit ich die Gegend etwas durchstreifte; eine Antilope Oreotragus war meine Jagdbeute, doch hatte ich noch einige andere Säugethiere, wahrscheinlich Canis Simensis, Rüpp. (Kabberu) gesehen, ohne zum Schuß kommen zu können. Hier findet sich, wie auf allen höheren Gegenden Abyssiniens, auch sehr häufig eine Rattenart mit rauhem, fast stachelartigem Pelz, welche in der Erde Aufwürfe, gleich denen unseres europäischen Maulwurfs, macht.

Gegen Abend hatte ich das Unglück, beim Passiren einer glatten, steilen Felsparthie zu stürzen, wobei mein Pferd mir auf das linke Fußgelenk fiel und dasselbe nicht unbedeutend verletzte.

Eine Stunde vor Sonnenuntergang passirten wir eine der Quellen des Flusses Angrab, der in nordwestlicher Richtung durch die Provinz Wolkait dem Atbara zueilt und auf sudanischem Boden den Namen Bafalam führt. Durch ungemein tief eingerissene, oft senkrechte Schluchten durchbricht er das Lamalmon-Gebirge, die Grenze von Woggara und Woggara Kulla, das wir gerade gegen Norden vor uns hatten. In Oft und Nordoft sahen wir bereits, aber noch in weiter, nebeliger Ferne, die höchsten Gipfel von Simên. Nachdem wir heute eine Wegstrecke von 8 Stunden gegen Nordoft zurückgelegt, lagerten wir beim Dorfe Dschembelga, wo uns die Leute den gleichen Empfang wie gestern in Isat Dever bereiteten. Ein Offizier des Detschatsch Gongul von Woggara wollte uns sogar ohne Weiteres von unserem Lagerplatze verjagen, zog sich aber, nachdem wir ihm ad oculos demonstrirt, daß bei uns mit abyssinischer Arroganz durchaus nichts auszurichten, wieder in sein Quartier zurück und sandte später sogar etwas Milch und Futter für unsere Thiere.

In Dschembelga trennte sich unser Weg von der Hauptstraße zwischen Gondar, Aboa und Massaua, die bis Aboa so ziemlich nordöstliche Richtung hat, während wir eine mehr östliche einschlagen mußten.

Am 4. Februar wurde mit Sonnenaufgang aufgebrochen; über einen Hügelzug schreitend, sahen wir jetzt deutlich die Gipfel von Simên zu unserer Rechten und direkt vor uns einen einzelnen hornförmigen Berg (Wogen). Gegen 10 Uhr passirten wir ein kleines Flüßchen, Togur Wocha, das in fast östlicher Richtung in das, Simên von Woggara trennende, Bellegas-Thal abfällt.

Die Landschaft heißt Schimbera Seggane. Mit dem Togur Wocha vereinigen sich noch zwei andere kleine Gebirgsbäche, die, aus Norden kommend, durch enge, mit schönem Baumschlag und Schlingpflanzen bewachsene Schluchten in herrlichen Kaskaden in die Tiefe stürzen. Der letztere von beiden, den wir etwas nach Mittag passirten, muß in der Nähe des Wogen entspringen, von welchem aus ein niederer Hügelzug ihn einige Stunden weit begleitet. Hinter diesem liegt der große Marktort Doque Kitane Mariam freundlich auf einer kleinen Anhöhe; wir hielten uns aber dort nicht auf, sondern marschirten noch 1½ Stunden weiter, bis nach Debra-Sina, einem kleinen Dörfchen mit den Ruinen einer portugiesischen Kirche, die sich sehr hübsch unter Sykamoren und Kronleuchter-Euphorbien ausnimmt. Wir erreichten Debra-Sina bei guter Zeit, so daß ich in den benachbarten Hochmooren noch etwas jagen konnte; ich erlegte Picus Hemprichii, Bernicla cyanoptera, Anthus (Macronyx) flavicollis, Geronticus comatus, Saxicola sordida und Euplectes xanthomelas.

Von Debra-Sina aus, oder vielmehr dem nahen Rande des Hochplateaus von Woggara, das dort circa 9000 Fuß Höhe hat, sieht man in südlicher und östlicher Richtung in die viel tiefer liegenden Quellenländer des Takasseh hinab; der Ort liegt fast direkt nördlich von dem kegelförmigen Lalivela, an dem dieser Fluß entspringt.

Auch in Debra-Sina wurde, da uns Niemand aufnehmen wollte, im Freien campirt.

Am 5. Febr. zogen wir in östlicher Richtung bis an den noch etwa ¾ Stunden entfernten Rand der Hochebene von Woggara. Herrlich war die sich uns dort bei aufgehender Sonne darbietende Aussicht: zu unsern Füßen lag ein vielleicht 4000 Fuß tiefes, mit immergrünen Baumgruppen reich bewachsenes Thal, und über drei wild zerrissene, vielleicht halb so hohe Gebirgsstämme hinweg sahen wir auf etwa 6 Stunden direkte Entfernung das an 10000 Fuß hohe Plateau von Simên uns gegenüber, dessen höchste Gipfel sich in den Wolken verloren.

Der Charakter der Thalbildungen ist in allen von uns besuchten Gegenden Abyssiniens fast der gleiche. Die obere Hälfte des Abfalls ist ungemein steil, oft aus vielfach zerrissenen horizontalen Bänken von Lava, Trachyt und Basalttuff gebildet; dann folgen terrassenförmig übereinander liegende Plateaux mit sanfteren Abfällen, häufig aus fest

zusammengebackenen Brocken vulkanischer Gesteine der Nachbarschaft und Dammerde bestehend; auf der Thalsohle dagegen erscheinen wieder die vulkanischen Massen in ihrer Urgestalt, und die dort hausenden Hochwasser haben sich in derselben ein tiefes, enges Bett, meist mit senkrechten Wänden, eingerissen.

Vegetation findet sich vorzüglich an den Bächen, Rinnen, an besagten Plateaux und deren Abfällen, doch vorzüglich an ersteren Hochbäume und Kronleuchter-Euphorbien.

Ein halsbrecherischer Weg, wo unsere Thiere großentheils ihrer Bürde entledigt werden mußten, führte uns durch einen engen Riß über gewaltige Felsblöcke weg nach anderthalbstündigem Klettern in die Tiefe zum Chor Assara oder Assowa, dann ging es über einen fast ebenso steilen Felskamm zum Chor Dellago, nach weiteren 2 Stunden über einen ähnlichen Kamm zum Flüßchen Angowa und über einen dritten, weniger hohen, nach abermaliger fast zweistündiger Arbeit, in das etwas weitere Thal des Bellegas. Jene vier, wild in vielen Stromschnellen und Stürzen dahereilenden, Wasser entspringen auf der Ebene nördlich zwischen Woggara und Simên, und fließen, reiche Zuflüsse von Ost und West erhaltend, in fast südlicher Richtung, bis sie sich nach sechs- bis achtstündigem Lauf alle vereinigen und, unter dem Namen Bellegas um den Südrand des Simên-Gebirges herum fließend und noch mehrere, von Nordost und Südwest kommende Nebenflüsse aufnehmend, sich in den Takasseh ergießen.

Die ganze romantische Gegend ist, so weit wir damals sehen konnten, fast unbewohnt. Auf einem der überschrittenen Bergkämme sahen wir eine Kirche, auf dem zweiten und dritten liegen einzelne zerstreute Hütten, deren Bewohner vorzüglich Viehzucht treiben; doch fanden wir auch einzelne Felder mit Büschelmais und Hülsenfrüchten, und an der Stelle, wo wir das Bellegas-Thal überschritten, waren reiche Wiesen und einige künstlich bewässerte Gerstenfelder. Letztere Gegend heißt Schoaba und liegt am Fuße des Berges von Entschetkap, des früheren Hauptortes von Simēn.

Vom Bellegas aus stiegen wir auf einen Ausläufer des Simēn-Gebirges bis zu dem noch zu Schoaba gerechneten Dorfe Menawa, wohin unsere Führer, die dort bekannt sein wollten, vorausgingen, um wenigstens einmal ein wirthliches Obdach für eine kalte Nacht nach heißem, langem Tagmarsch zu finden. Auch dießmal wurde unsere Hoffnung getäuscht, und nur mit vieler Mühe verabreichte uns das unwirthliche Volk gegen Glasperlen etwas Milch und Brod. Es soll in Abyssinien Sitte sein, daß nach Sonnenuntergang in einem Dorfe ankommende Fremde nicht mehr in Wohnungen aufgenommen werden. Eine Ausnahme hiervon macht jedenfalls aber der Reisende, der sich durch Soldaten des betreffenden Landesherrn begleiten läßt.

Wir waren heute von einer Stunde vor Aufgang der Sonne, ohne anzuhalten, marschirt, bis jene längst schon hinter den Bergen von Woggara hinabgesunken, und hatten doch in direkter Linie kaum 6 Stunden zurückgelegt. Unsere Wegrichtung war östlich, mit wenig Neigung gegen Süden.

Auf meine naturhistorischen Beobachtungen und Sammlungen aus diesen Thälern werde ich später zurückkommen.

Am 6. Februar am frühen Morgen stiegen wir über bulkanisches Trümmergestein von Basalttuff und großen Bimssteinblöcken in das Thal von Woina, dessen Gewässer auf den höchsten Gipfeln von Simên entspringen, hinab. An seinem Gehänge fand ich häufig nierenförmige Anhäufungen von Chalcedon mit schönen Chabasit- und Leuzit-Krystallen. Ein guter ebener Weg führte uns jenes Thal aufwärts bis zu dem etwa 3 Stunden von der Mündung in den Bellegas entfernten Orte Woina, dessen Häuser in hübsch angelegten, reich mit Enzêt (einer unbekannten, Bananen-ähnlichen Pflanze) und Bananen besetzten Gärten freundlich im Thale gruppirt sind; weniger glänzend war von dort aus unsere Aussicht auf das nächste Ziel unserer Reise, die Berge von Debr Eski, die, steil und unschön geformt, gleichförmig, fast ohne irgend einen Absatz, aus dem Thale zu einer relativen Höhe von wenigstens 3200 Fuß emporsteigen.

Wir und unsere Thiere hatten von der anstrengenden Tour am gestrigen Tage viel gelitten; mein Pferd war vom ungewohnten Bergsteigen so angegriffen, daß ich nolens volens, trotz meines vom Sturze und dem gestrigen Marsche sehr stark angeschwollenen Fußes, heute wieder gehen mußte, da mein Maulthier ohne Weiteres zum Tragen alles möglichen Gepäckes verwendet worden war.

Der Weg führte uns von Woina aus südöstlich, wie gesagt, immer bergauf, doch war die Straße trotz der starken Neigung des Gebirges nicht eben schlecht zu nennen. Oft mußte der Thiere und unserer selbst wegen geruht werden; unsere Diener waren sogar genöthigt, einen Theil des Gepäckes selbst zu tragen. Nach über vierstündigem Marsch in heißer Sonnengluth, ohne einen Tropfen Wasser bei uns zu führen, ward der Rand des Plateaus erreicht, und nach weiterem einstündigem Wege durch ein seichtes Hochthal Debr Eski, wo wir uns unverzüglich in der gastlichen Wohnung des Dr. Schimper einquartierten.

Die Residenz Debr Eski (eigentlich Debr Echsi == Kloster des Herrn, oder Debr Sikie == das Blumen-Kloster) bestand früher bloß aus einigen Kirchen und wenigen Hütten, ist aber jetzt als Lieblings-Aufenthalt des Detschatsch Ubie zu einiger Größe und Bedeutung gelangt, vorzüglich weil Ubie eben im Begriff ist, dort ein schon vor mehreren Jahren begonnenes politisches Asyl zu vollenden, das in den Ringmauern einer Kirche aufgeführt wird. Dr. Schimper mußte den Baumeister desselben machen, und es ist ihm durch dieses Geschäft eine nicht unbedeutende Last auferlegt worden, da er Alles selbst anordnen muß und nicht einmal einen tüchtigen Arbeiter an der Hand hat, der nur im Stande wäre, die nöthigen Bausteine aufzusuchen. Der Plan ist dem der politischen Freistätte zu Gondar (Debra Pirhân == Kloster des Lichts) entnommen, und das Gebäude ist nur von unbedeutendem Umfange. Es mag 40 bis 50 Fuß Länge und 30 bis 35 Fuß Tiefe bei 30 Fuß Höhe haben, enthält drei kleine Kammern mit schmalen, kleinen Fenstern, ist einstöckig, und ein viereckiger, noch unvollendeter Glockenthurm wird in seiner hintern Mitte aufgeführt. Die hierher bestimmten drei Glocken sind Geschenke des apostolischen Missionärs Herrn v. Jacobis in Massaua und des Dr. Schimper. Das Gebäude ist massiv von unbehauenen Trachytblöcken erbaut und gut mit Kalk überzogen.

In einem kleinen Thälchen, das von einem Hochwasser durchrieselt wird und an dessen nördlicher Wand die er-

wähnte Kirche mit dem Heiligthum sich befindet, liegen viele
größere und kleinere Toguls in kleinen Gruppen unregel=
mäßig zerstreut. Die der angeseheneren Personen sind mit
Dornhecken umzäunt, und auch Ubie bewohnte zur Zeit un=
serer Anwesenheit in seiner neuen Residenz bloß einen ein=
fachen Togul mit steinernem Fundament. Um diesen liegen
die Hütten seiner weiblichen Dienerschaft und zwei ring=
förmige Verhaue schließen das Ganze ein. Doch war man
eben im Begriff, etwa eine halbe Stunde südlich von der
Kirche auf dem Gipfel eines kleinen Hügels ein festeres
Schloß für Ubie aufzuführen, das mit hohen Mauern um=
geben ist und in dessen Mitte ein runder, niederer, eben=
falls mit Stroh gedeckter Thurm steht. Auch unmittelbar
am Südrand des Thälchens von Debr Eski sollen ähnliche
Werke errichtet werden.

Die Mehrzahl der Bewohner Debr Eski's besteht jetzt
aus Soldaten Ubie's mit ihrem zahlreichen Gefolge von
Dienern und Weibern; auch hat Ubie seinen Großen Bau=
plätze mit verschiedenen Vergünstigungen hier angewiesen;
doch dürfte der Ort nie von statistischer und commerzieller
Bedeutung werden, da er zu sehr von allen Hauptstraßen
abgelegen ist und die dahin führenden Wege selbst höchst
unpassabel für Waarentransporte sind. Ausfuhrartikel hat
Simén mit Ausnahme von Rindvieh und einigen Cerealien=
Arten keine; das dort gewonnene Leder, Getreide, die Hül=
senfrüchte, der Honig ꝛc. decken kaum den Bedarf. Im
Distrikte Bajeda (an der Südost=Grenze des Plateaus) wer=
den zwar in neuerer Zeit auch Decken von Schafwolle fa=
bricirt, jedoch berechtigt deren Qualität und Quantität zu
keiner Hoffnung auf Großhandel. In Simén eingeführt

werden; etwas Baumwolle, Salz, Hülsenfrüchte, Pfeffer, Kaffee, Maulthiere und Pferde, Eisen 2c., aber Alles in unbedeutender Menge. Der wöchentlich zweimal hier stattfindende Markt ist daher auch ohne alle Bedeutung.

Detschatsch Ubie, der Herrscher von Tigre, stammt ursprünglich aus der Provinz Simên, wo seine Voreltern regierten; schon seit geraumer Zeit waren ihnen auch die Provinzen Wolkait und Schirreh unterthan. Die Herrschaft sollte nach seines Vaters Tode eigentlich dessen legitimen Sohne Detschatsch Morsu zufallen, dieser war aber damals noch jung und unbeliebt, und Ubie soll einstimmig von den Großen des Landes, während der Abwesenheit Morsu's, zum Haupte von Simên, Woggara und Wolkait ernannt worden sein. Ohne weitere Erfolge suchte Morsu mit bewaffneter Hand sein Recht geltend zu machen. Ein mächtigerer Feind Ubie's, Sabagabis — im Besitze von fast ganz Tigre — machte Ubie mehr zu schaffen, er wurde aber durch einen Verbündeten desselben im Jahre 1831 geschlagen und getödet, und Ubie bemächtigte sich nach verschiedenen Kriegszügen gegen Sabagabis' Söhne und Verbündete nach und nach der schönsten Provinzen Ost-Abyssiniens.

Auch aus mehreren Kriegen mit dem jetzigen Ras von Abyssinien — Ali — ging Ubie, wenn gleich nicht als wirklicher Sieger; doch immer in seiner Macht mehr bestärkt hervor, da seine Gegner ihre Vortheile nicht zu benutzen wußten, und er ist so faktischer Alleinherrscher der Provinzen geworden.

Simên ist ein Hochland, dessen ziemlich gleichförmiger Rand eine Höhe von 10,000 Fuß hat; gegen West und Süd ist es von den tiefen Thälern des Bellegas, gegen Ost vom Takasseh-Thal eingeschlossen; seine nördliche Grenze bildet der Gebirgszug des Abba Jared, der es von der Provinz Telemte (tigrisch Selemte) trennt. Die Höhe des Bellegas im Schoada-Thal ist circa 5400 Fuß, die des Takasseh an der Nordost-Grenze von Simên ungefähr 3000 Fuß.

Auf dem Hochplateau erheben sich aber noch bedeutende Gebirge bis zu einer Höhe von über 14,000 Fuß, die zu manchen Jahreszeiten Schneefälle haben. Der höchste Gipfel ist der Ras Detschen, so ziemlich in der Mitte der Provinz, und nordwestlich davon der Bachit (eigentlich Buachit) und Silke, welch letzterer unmittelbar mit dem oben erwähnten Abba-Jared, einem langen Gebirgszuge, zusammenhängt. Zahllose ungemein tief und fast senkrecht eingerissene Wasserrinnen und Gießbäche entquellen diesen Hochgebirgen und stürzen zum Theil in schönen Kaskaden dem Bellegas und Takasseh zu. Wohl das bedeutendste jener Gewässer ist die Maschicha; an der Ostseite des Detschen entspringend, fließt sie zuerst nördlich, dann eine kurze Strecke westlich und endlich südlich und sogar südöstlich; sie erhält vom Abba-Jared und Silke her viele Zuflüsse und scheint, nach der ganzen Form ihres Laufes und nach den dort vorkommenden Obsidianen und anderen glasigen Laven zu schließen, die Caldera eines mächtigen erloschenen Vulkans — des ganzen Gebirges von Simên — gewesen zu sein. Wie schon bemerkt, sind die Abfälle in's Bellegas- und Takasseh-Thal ungemein steil und oft sogar fast senkrecht; ebenso verhält es sich mit dem Maschicha-Thal und den meisten anderen Bächen des nach allen Seiten wild zerrissenen Hochlandes.

Das ganze Simên-Gebirge besteht aus Klingstein, Basalttuff und Trachyt, welche in Blasenräumen und Schnüren Stilbite, Chabasit, Harmotom, Leuzit, Kalkspathkrystalle und Quarze verschiedener Form, vorzüglich Chalcedon, einschließen. An einigen Stellen fand ich auch Holz-Opale und Hyalit; die Blasen eines umgewandelten Gesteins von gelblicher Farbe am südwestlichen Abfall gegen die Landschaft Sabra enthalten Ausfüllungen von einer kupfergrünen, ausgezeichnet feinen, das Wasser begierig aufsaugenden Thonmasse. Auf einem Vorsprunge des Abhanges kommen auch dichte Magneteisensteine, jedoch von unbedeutendem Erzgehalt, vor, die mich bei meinen geographischen Aufnahmen öfters in nicht geringe Verlegenheit brachten.

Im Maschicha-Thale finden sich Obsidiane, ganz den isländischen ähnlich, Hornsteine und Plasma in ungeheueren Blöcken; auch sollen in den Wänden desselben Schnüre oder Gänge von Eisenerz — das der Beschreibung nach Eisenglanz sein dürfte — vorkommen. An den Abhängen bei Woina traf ich eine Menge oft ziemlich kolossaler Bimssteinblöcke, die aber sehr rauh und grobkörnig sind.

Was die Vegetation des Hochlandes von Simên anbelangt, so richtet sich diese natürlich nach den Standorten. Im Allgemeinen ist dasselbe kahl, bietet aber treffliche Weiden, und Gerste gedeiht noch bis zu einer Höhe von 11,000 Fuß, wo auch noch einige Hülsenfrüchte vorkommen. Dieß ist auch ungefähr die Grenze des Baumwuchses. Die letzten Bäume sind Mimosen, Rosen, Oliven, Juniperus, Erica, Brayera, Celastrus obscurus, einige Rhamneen ꝛc., die auch denselben krüppelhaften Wuchs wie unsere Krummhölzer auf den Alpen haben.

Auffallend ist die Menge von Moosen und Flechten.

Ueber 12,000 Fuß hat auch fast alles Krummholz aufgehört, feiner Klee und Gräser bedecken die Hochthäler, und an den Hügeln wuchert die tiefer nicht vorkommende herrliche Djibarroa-Pflanze (Rhynchopetalum montanum); die höchsten Höhen, auf denen sich zuweilen Schnee zeigt, sind von aller Vegetation und Dammerde entblößt.

Die zoologischen Verhältnisse des Plateaus von Simên und seiner Erhebungen scheinen nicht sehr günstig zu sein, da die absolute Höhe desselben wenigstens den warmblütigen Thieren wenig Abwechselung darbietet. Merkwürdiger Weise leben auch hier manche unseren Alpenthieren analoge Geschöpfe, einige scheinen sogar die gleichen Arten zu sein. Capra Walie, Rüpp., vertritt z. B. die Stelle unseres Steinbocks; den Mauerspecht, die Alpenkrähe halte ich ganz identisch mit unserem Pyrrhocorax ꝛc.

Ich beschränke mich hier auf ein systematisches Verzeichniß der in Simên beobachteten Säugethiere und Vögel; von der Klasse der Amphibien und Fische und den übrigen niederen Thierklassen konnte ich aus Unkenntniß in diesen Branchen und wegen meiner sonst stark in Anspruch genommenen Zeit gar keine detaillirten Angaben machen.

Macacus Gelada, Rüpp. (abyssinisch Dschellada), kommt in Simên in ungeheuren Truppen vor und lebt meist an den steilen Abfällen des Hochplateaus (10,000 Fß.), in der Nähe von Quellen und Wasserfällen.

Antilope montana, Rüpp. (heißt, wie es scheint, in Simên Midoqua), einzeln und paarweise in den Hochthälern von Simên, häufiger an den buschigen Abfällen in das Takasseh-Thal.

Wahrscheinlich kommen auch A. Oreotragus, A. Medoqua und andere Arten hier vor, doch konnte ich keine derselben erhalten.

Ibex Waalia, Rüpp. (abyff. Walie), findet sich in Familien und truppenweise auf den höchsten Gipfeln Siméns, vorzüglich auf dem Abba=Jared und Bachit. (Die Rüppell'sche Zeichnung ist jedenfalls nach einem jüngeren Individuum angefertigt, da Hörner und Bart noch nicht ausgebildet sind; auch ist der Augenstern nicht braun, sondern trüb=gelb und die Pupille oval.)

Herpestes-Arten dürften sich wohl zuweilen aus den Thälern um Simén, wo ich H. Zebra häufig antraf, auf die Gebirge verirren.

Rhizomys splendens, Rüpp. (amhar. Félfel), in kleinen Familien auf den Plateaux. Das junge Thier ist nicht, wie Rüppell angibt, „einförmig dunkel=blaugrau", sondern hell=isabellgrau, und die Haare sind etwas steifer als beim älteren Individuum und fest am Körper anliegend.

Canis Simensis, Rüpp. (amhar. Kábberu, tigr. Bocharia), nicht selten in Simén, geht jedoch nicht sehr hoch.

Canis? (amhar. Wálke), auf einsamen Bergen über 11,000 Fuß hoch; lebt vorzüglich von Ratten, hat einen sehr lebhaft rostgelben Balg.

Hyaena Crocuta, Storr., häufig in der Nähe von Dörfern.

Eine kleine wilde Katzenart wurde bei Debr Eski bemerkt.

Außerdem beobachtete ich häufig eine Rattenart mit stachelähnlicher Bedeckung, die auch um Gondar, in Woggara ꝛc. vorkommt und Aufwürfe wie der Maulwurf macht.

Von Chiropteren habe ich bloß eine ganz kleine Art bei Debr Eski bemerkt, die aber nicht eingesammelt werden konnte.

Auch soll noch eine große, schwarze Affenart am Ostrande von Simên vorkommen, die eine violette nackte Stelle auf der Brust hat.

Der in den Thälern sehr häufige Cynocephalus Hamadryas ist mir auf dem Simên-Gebirge nicht vorgekommen; auch Löwen, Leoparden und Luchse sollen nicht so weit heraufgehen.

Gypaëtos barbatus, Kays. et Blas., häufig in ganz Simên, geht bis zu den höchsten Höhen.

Cathartes Percnopterus,

Cathartes Monachus, Temm.,

Vultur fulvus,

Vultur occipitalis, Rüpp., alle nur einzeln.

Aquila rapax, ziemlich häufig.

Ich beobachtete hier auch öfter die weiße Varietät (A. albicans, Rüpp.).

Aquila fusca (?) oder A. naevioides, Cuv. (?), beobachtet, ohne erlegt werden zu können.

Helotarsus ecaudatus, verfliegt sich zuweilen aus den Thälern auf diese Höhen.

Buteo Augur, sehr gemein in Simên; ich erlegte dort auch eine ganz schieferschwarze Varietät.

Milvus parasiticus, häufig.

Falco peregrinus, paarweise; nistet in Höhen von 10,000 Fuß.

Falco Tinnunculus, einzeln bis auf den höchsten Gipfeln beobachtet.

Circus pallidus, verfliegt sich öfter auf die Viehtriften von Simên.

Otus, spec. nova (Otus montanus, mihi), zwischen 8000 und 11,000 Fuß Höhe beobachtet.

Strix?, nach Dr. Schimper wurde in der Gegend von Debr Eski eine ihm ganz unbekannte weiße Eule erlegt.

Bubo? Ich beobachtete einmal in einem dichten Kolqual-Walde einen Uhu, den ich für Str. lactea halte, doch konnte ich desselben nicht habhaft werden.

Corvultur crassirostris, Rüpp., häufig in Simên.

C. affinis und C. capensis, ebenso.

Pyrrhocorax graculus, in kleinen Flügen auf den höchsten Spitzen Simêns.

Buceros abyssinicus und zwei dem B. limbatus ähnliche, aber etwas größere Arten, die eine mit hell-schwefelgelben, die andere mit aschgrauen kahlen Flecken hinter der Unterschnabel-Basis.

Hirundo melanocrissa, Rüpp. — H. striolata, Rüpp. — H. rupestris (vielleicht eine eigene Art, ist fast ein Drittel größer als die europäische).

Cypselus Cafer, Licht., oder spec. nova, von der Größe von Cyps. alpinus und Färbung von Cyps. murarius.

Merops variegatus, Promerops cyanomelas, häufig, gehen nicht über 10,000 Fuß.

Upupa Epops.

Nectarinia cruentata, Rüpp. — N. habyssinica?, Ehrenb. — und N. Takazzé, Stanley — gehen wohl auf 11,000 Fuß Höhe.

Tichodroma phoenicoptera, die nach Rüppell in Abyssinien vorkommen soll, habe ich nicht beobachtet.

Drymoica bizonura, mihi, und einige noch nicht genau bestimmte Arten.

Sylvia Fitis — S. ruficapilla, Landb. — S. sericea (?).

Orthotomus clamans, mihi.

Zosterops euryóphthalmos, mihi.

Saxicola sordida — S. albofasciata?, Rüpp. (oder neue, ihr sehr ähnliche Art) — S. isabellina — S. rufocinerea — S. lugubris — S. melaena — S. semirufa — S. albiscapulata — und eine Spezies, ähnlich der S. Stapazina, die noch nicht genau bestimmt werden konnte.

Parus dorsalis, Rüpp.

Motacilla longicaudata, Rüpp.

Anthus cinnamomeus, Rüpp.

Alauda ruficeps, Rüpp., und A. cristata.

Bessonornis semirufa, Rüpp.

B. sp. nova, vielleicht von Rüppell als Muscicapa chocolatina abgebildet und beschrieben.

Turdus olivaceus, Lin.

Melaenornis melas, mihi.

Buphaga erythrorhyncha.

Ploceus, sp. nova? (Pl. leucophthalmos, mihi).

Estrelda cinerea.

Euplectes xanthomelas, Eupl. Swainso-

nii, E. sp. nov.? (ganz von der Färbung von Pyrrhula striolata).
 Serinus tristriatus.
 Pyrrhula striolata.
 Coliuspasser macrurus.
 Emberiza hortulana.
 Picus Hemprichii.
 Columba semitorquata, C. lugens und C. guinea.
 Perdrix Coturnix.
 Francolinus Rüppellii, Gray, Fr. gutturalis, Rüpp., Fr. Erkelii, Rüpp., Fr. icteropus, mihi.
 Vanellus melanopterus.
 Totanus ochropus.
 Scolopax meridionalis, Rüpp.
 Rallus abyssinicus, Rüpp.

 Den Detschatsch Ubie hatte Dr. Schimper sogleich von unserer Ankunft benachrichtigen lassen. Er war leider am Tage zuvor erkrankt, da er, schon seit lange von einem chronischen Leiden heimgesucht, bei einem von ihm veranstalteten Feste wahrscheinlich des Guten etwas zu viel gethan, und ließ uns sein Bedauern ausdrücken, uns nicht alsbald empfangen zu können; doch sandte er jeden Tag Botschaften über Botschaften, daß sein Befinden immer mehr der Besserung zugehe. Gleichzeitig erhielten wir eine regelmäßige Ration Hydromel aus der Hofküche nebst dem nöthigen Brod und Pfeffer für die Diener.
 Mein Fußleiden hatte sich trotz einigen Tagen Ruhe

in Debr Eski eher verschlimmert als verbessert. Unsere Thiere waren durch die Strapazen der Reise von Gondar auch gänzlich unbrauchbar geworden; das Maulthier des Dr. Reitz verunglückte während eines Brandes seiner Stallung, und das meinige unterlag den durch Schnüren und schlechtes Aufpacken entstandenen Wunden auf dem Rückgrat.

Ich mußte also vor der Hand auf größere Ausflüge verzichten, da ich nicht im Stande war, sogleich wieder ein gutes Lastthier aufzutreiben, und beschränkte mich darauf, vorläufig die nächsten Umgebungen Debr Eski's etwas zu untersuchen. Die dortigen Hochthäler und Abhänge bereicherten etwas meine Sammlungen und ich hatte mir bald einige Höhen und Vorsprünge mit Fernsichten ausgesucht, von wo aus ich im Stande war, verschiedene geographische Aufnahmen zu machen. Mein vorzüglichster Standpunkt hierzu war 1½ Stunde fast in südlicher Richtung von Debr Eski (345 Fuß). Von diesem Platze aus hat man nach Süden unter und vor sich das Takasseh-Quellen-Land, eine wild zerrissene, etwa 3000 bis 4000 Fuß tiefer liegende Landschaft so ziemlich von der Form eines Dreieckes, gegen West begrenzt durch die Gebirge von Bellesa und Begemeder, gegen Südost durch die von Lasta. Zwischen den Bergen von Begemeder und Lasta, etwa direkt 15 bis 18 Stunden vom Rande von Simen in südlicher Richtung entfernt, erhebt sich aus der Landschaft ein kegelförmiger Berg von ansehnlicher Masse, der Lalibela, an dessen Fuße die wichtigsten Quellen des Takasseh entspringen. Die bedeutendste heißt Hamschbamai (Fünf-Wasser) und soll in fünf Armen sich aus einem See ergießen, die sich bald wieder vereinigen. Von dort nähert sich dieser Fluß mit einer kleinen Biegung nach Ost den Gebirgen von Lasta und trifft in nordöstlicher Richtung an den südöstlichen Abfall des Simên-Gebirges, das seinem Laufe eine noch etwas mehr östliche Direktion gibt. Von Ost und West ist er reichlich mit Zuflüssen genährt; sein hauptsächlichster, außer Bellegas und Maschicha, ist die aus Bellessa kommende Mêna oder Mâna.

Die Gegend um den Lalibela, dessen Spitze ein berühmtes christliches Kloster krönt, bis gegen die Mêna und den untersten Lauf des Bellegas soll von einem Gallas-Stamme bewohnt sein, der den Namen Agos führt. Man rieth mir allgemein ab, diesem Volke einen Besuch zu machen, da die Gegend sehr unsicher sei. Es soll eine von anderen abyssinischen ganz verschiedene Sprache sprechen und von Jagd und Ackerbau leben.

Hinter dem Lalibela, aber noch ziemlich entfernt von ihm, scheinen sich die Gebirge von Begemeder und Lasta zu vereinigen. Es erscheint dort bei klarer Luft ein flacher, hoher Berg, vielleicht der auf der Zimmermann'schen Karte des Nilquellenlandes mit einer trigonometrischen Marke bezeichnete Zingilla, doch konnte ich nichts Bestimmtes darüber erfahren. Lalibela ist dort jedenfalls viel zu weit südlich und östlich angegeben. Gegen Südost (von meinem Standpunkte 125 Grad) erhebt sich, wohl mit den Abfällen von Lasta gegen den Takasseh zusammenhängend, ein noch ferneres Hochgebirge, das man mir Bora benannte und wahrscheinlich identisch mit Bora Salua der Berghaus'schen Karte ist. Leider konnte ich keinen zweiten

Standpunkt in ungefähr derselben geographischen Breite in Simên ausfindig machen, durch dessen Combination mit dem in Rede stehenden es mir möglich gewesen wäre, mit einiger Genauigkeit die Entfernung jener Gebirge von beiden aus zu trianguliren.

Indessen verlauteten trotz der gegentheiligen Versicherungen der Dienerschaften Ubie's Gerüchte von bedeutender Verschlimmerung seiner Krankheit. Auch seine höheren Beamten waren unter dem Vorwand von Krankheit ꝛc. nicht zu sprechen. Ubie hatte uns noch nicht einmal einen seiner Offiziere geschickt, uns zu begrüßen. Dessen Funktion versah ein schmutziger Kammerdiener, der uns von Zeit zu Zeit im Namen seines Herrn ein Schaf überbrachte und dafür täglich sich einen Theil unseres Hydromels zu Gemüthe führte.

Am 15. Februar ließen wir, des Wartens und Tröstens müde, dem Detschatsch sagen, daß wir uns nicht länger hier aufhalten könnten. Unser braver Gastwirth, Dr. Schimper, war mit diesem Entschluß nicht zufrieden, da er sehr wünschte, uns mit Ubie zusammenzuführen, und ihm natürlich selbst viel daran gelegen war, daß freundschaftliche Verhältnisse zwischen dem Beherrscher Tigre's und einer europäischen Großmacht eingeleitet würden. Er wurde noch an demselben Tage zu einigen Chefs von Ubie's Umgebung gerufen und ihm dort erklärt, der Fürst sei sehr ungehalten über unsern Entschluß und verlange von ihm, sein Möglichstes zu thun, uns noch zum Bleiben zu veranlassen.

Am 16. erschien ein Offizier und einige Leute Ubie's von uns unbekannter Größe, uns im Namen ihres Gebieters zu grüßen und zu bitten, noch längstens acht Tage zu warten, da Ubie wirklich auf dem Wege der Besserung sei. Wir erzählten den Herren gleichzeitig, wie wir von der Grenze des Reiches ihres Herrn bis hierher überall schlecht empfangen worden seien, wie man uns bisher von Tag zu Tag mit den widersprechendsten Lügen hinzuhalten gesucht, wogegen sie alle möglichen Entschuldigungen vorbrachten, auf die man ihnen aber erklärte, daß ihre vielen Worte uns zu keinen anderen Ansichten zu bewegen vermöchten, da wir nicht diese, sondern bloß die Werke ansähen. Der den hochmüthigen Herren präsentirte Kaffee wurde, da Fasttag war, nicht angenommen, aber sie gingen mit der Versicherung, daß wir von nun an keine Ursache haben würden, uns zu beklagen. Es blieb mir jetzt zwar noch wenigstens eine Woche zu meiner Verfügung, aber leider war mein Fußleiden nichts weniger als besser geworden, so daß ich bloß mit großer Mühe und Anstrengung etwas auf die Jagd gehen konnte, und meine Leute allein gehen zu lassen, konnte und wollte ich mich nicht entschließen. Auch zog sich Ubie's Krankheit immer mehr in die Länge, und man versicherte uns, daß ein alter Aberglaube, der hier zu Lande allgemein verbreitet sei, ihm keinen Falls erlaube, vor vollständiger Genesung weder uns noch einen anderen Fremden zu sehen, da man sonst einen Rückfall zu befürchten habe.

Dr. Schimper that sein Möglichstes, uns etwas zu zerstreuen, und widmete uns all' seine wenige freie Zeit. Auch fanden wir in Debr Eski noch einen anderen Landsmann, Herrn Maler Zander, der ebenfalls von Ubie bei dem neuen Bau beschäftigt war. Glücklicher Weise trafen um diese Zeit noch zwei Europäer in Simên ein, der alte J. Coffin, der im ersten Zehntel unseres Jahrhunderts mit Salt und Valentia nach Abyssinien gekommen, und der französische Reisende Lefèbvre; beide wohnen jetzt in Adoa, wo sie aber, wie es scheint, nicht die besten Geschäfte machten. Die Herren waren gekommen, Ubie zu sehen, konnten sich aber nicht lange aufhalten und reisten nach einigen Tagen wieder ab, ohne ihren Zweck erfüllt zu haben.

Anfangs März wagte ich endlich einen Ausflug in's Bellegas-Thal nach Schoaba, wozu mir Herr Dr. Schimper einige Diener und einen Jäger, Gebra Girgos, überließ. Mit den nöthigsten Mund- und Jagdvorräthen versehen, machte ich mich am 5. März auf den Weg.

In westlicher Richtung überschritten wir zwei kleine Hochthäler, passirten eine mit herrlichen Kronleuchter-Euphorbien umgebene Kirche und erreichten nach anderthalbstündigem Marsche den Rand des Gebirges. Dort bemerkten wir auf einem etwas tiefer gelegenen kleinen Vorsprung eine hübsche Gesellschaft von Macacus Gelada, auf die natürlich gleich Jagd gemacht wurde. Bloß ein altes Weibchen konnten wir aber zum Schuß bringen, und nur mit großer Mühe und Gefahr gelang es unseren Abyssiniern, dasselbe aus einer Schlucht, in die es gestürzt, heraufzuholen.

Nun ging es auf einem steilen, steinigen Fußsteig in Zickzacklinien, immer ungefähr in unserer früheren Richtung, an einer fast senkrechten Bergwand hinab, der Mündung der Bäche des Woina-Thals in den Bellegas zu. Unter uns lag auf einem Hügel unter herrlichen Baumgruppen ein hübsches Dörfchen mit einer Kirche, wo wir aus der Vogelperspektive einem mir ganz fremden Schauspiele zusehen konnten. Aus einer ganz in der Nähe dieser Ortschaft gelegenen, dicht mit Buschwerk besetzten Schlucht schlich eine große Truppe von Affen (Cynocephalus Hamadryas), wenigstens 80 Stück, und darunter einige von ganz ungeheuerer Größe, den nächsten Häusern zu, deren eines, nach Versicherung unserer Abyssinier, sie überrumpeln und plündern wollten. Ihre Taktik scheiterte aber an einem unerwarteten Angriff der Einwohner auf sie, die mit Stöcken, Steinen und großem Geschrei die Marauteurs in die Flucht jagten.

Zwei bis drei Stunden stiegen wir bergab, bis in das Bett des Wassers von Weina, das, wie die vielen von allen Seiten aus den Gebirgen in dasselbe mündenden Wasserrinnen, mit herrlich grünendem Baumschlag bedeckt war. Eine weitere halbe Stunde führte uns an die Mündung desselben. Diese befindet sich in der Mitte eines engen Durchbruchs Bellegas durch eine Felswand, der sich dort in verschiedenen Kaskaden eine 40 bis 50 Fuß tiefe Bahn mit senkrechten, oft überhängenden Wänden gebrochen. Auch der Bach von Weina endet seinen Lauf in Wasserfällen, und der jugendliche Herakles hat hier mit unbegreiflicher Macht eine Wand durchbrochen, in deren Tiefe kein Sonnenstrahl dringt und die ein kühner Springer vielleicht 30 Fuß über dem tosenden Wasser leicht überspringt. Die Mündung selbst ist ein hohes, halb-

kreisförmiges Portal, das einen tiefen, runden Kessel um=
schließt.

Wir wandten uns noch etwas abwärts, bis wir eine
Stelle gefunden, um vollends das Strombett niederzusteigen.
Unter einer herrlichen Sykamoren=Gruppe wurde Halt ge=
macht, so schnell als thunlich eine kleine Hütte von Baum=
ästen und Gramineen erbaut und das nöthige Holz ꝛc. zu
einem Bivouac beigeschafft.

Während mein Präparator an's Zurichten der unter=
wegs gemachten Beute ging, machte ich mit Gebra Girgos
eine kleine Parthie stromabwärts. Das Flußbett ist hier
überall sehr eng, und das wenige Wasser fließt in unzäh=
ligen Windungen von einer Seite desselben zur andern.
Für die Diener hatte ich kein Brod, sondern bloß Mehl
mitnehmen können, von dem sie einen Teig bereiteten, der
Abends über Faust=großen, zuvor stark erhitzten Steinen ge=
schlagen und so ausgebacken wurde.

Tags darauf gingen wir stromaufwärts, wo das Thal
sich erweitert. Zahlreiche Wohnungen befinden sich über
seinen Wänden, ein herrlicher Viehstand, schöne Wiesen und
Gärten mit Wasserleitungen erfüllen es, und man versi=
cherte mich, daß die Bewohner hier gewöhnlich drei Mais=
Ernten im Jahre machen; die Gerste stand fast zum
Schneiden reif, und spanischer Pfeffer, Rettige und ver=
schiedene Gemüsearten zeugen von Fleiß und Wohlstand des
Volkes.

Am 7. März war lange vor Sonnenaufgang unser klei=
nes Lager abgebrochen. Die Präparate der vergangenen
Tage wurden in ein Pampus=Geflecht verpackt und unsere

ENZÈT (MUSA)-PFLANZUNG IM WOINA-THAL IN SIMÈN

Lastträger zogen auf direktem Wege dem Orte Woina zu, wohin wir ihnen Abends folgen wollten. Gebra Girgos und mein Jäger Muhamed wollten in den Vorbergen und Ausläufern des Simên-Gebirges noch eine Jagd auf Schweine und Gazellen machen, während ich im Strombette des Baches von Woina unserem nächsten Ziele zuschritt.

Nach wenigstens fünfstündigem Marsch, nachdem ich oft barfuß an den steilen Felsen auf und ab klettern, mich durch Dorn- und Euphorbiengestrüppe arbeiten und mehr als zwanzigmal den Bach durchsetzen mußte, erreichte ich endlich, ohne erhebliche Beute gemacht zu haben, die Enzêt-Pflanzungen bei Woina, unter denen meine Leute eine hübsche Wohnung für uns hergerichtet hatten. Diese Enzêt- oder Enseht-Pflanze (eine Musa-Art) wird im Woina-Thal, in Sabra und Schoaba am Bellegas kultivirt und soll auch in Godjam und Schoa vorkommen; sie hat einen ganz Bananen-artigen Typus, die Blätter sind aber stark quer gerippt und die Blattstiele gewöhnlich violett. Die Schafte werden verhältnißmäßig nicht so hoch, um so riesenmäßiger dagegen die Blätter; Blüthen sollen höchst selten, Früchte gar nie hier vorkommen; die Fortpflanzung geschieht mittelst Wurzelschöße und die große Wurzel dient den Einwohnern als Gemüse. Sie hat, gut gekocht, einen kartoffelähnlichen Geschmack; auch der Stengel wird zuweilen gegessen, ist aber zäher und holziger. Die Blätter geben vortreffliches Viehfutter, und die Pflanze soll bei gutem, warmem Wetter und gehöriger Bewässerung ungemein rasch wachsen. Der Umstand, daß ihr Gedeihen in diesen engen, heißen Thälern noch von der Witterung abhängt, und daß sie hier selten Blüthen und niemals Früchte trägt, läßt schließen, daß der Enzêt aus noch südlicheren Gegenden, etwa aus Kaffa oder Enarea, stammt.

Abends besuchte ich noch die sehr hübsch auf einem Felsplateau, etwa 80 Fuß über dem Bache, gelegene und von malerischen Sylomoren beschattete Kirche von Woina, machte mich aber am 8. Februar in der Frühe wieder auf die Beine, um noch zeitig die Gebirge von Simên zu erklettern, während meine Leute noch einen Tag auf die Jagd verwenden wollten.

Wir hatten in den vier Tagen einige 40 Bälge und Skelette präparirt; auch die Insektenjagd hatte reiche Beute gegeben.

In Debr Eski war indeß nichts anders geworden. Ubie's Zustand sollte alle Tage besser sein, doch hatte Dr. Reiz noch immer keine Audienz erhalten können; immer der Trost: in 2 bis 3 Tagen werdet Ihr empfangen, der Fürst ist ganz hergestellt, nur noch etwas geschwächt 2c. Dr. Reitz entschloß sich nun, jedenfalls an ihn zu schreiben, ihm den Grund seines Hierseins auseinanderzusetzen und ihm die Abschließung eines Freundschafts- und Handelsvertrags vorzuschlagen. Voraussichtlich waren zur Beantwortung dieses Schreibens von Seiten Ubie's wieder längere Berathungen und Zeit nöthig, und ich entschloß mich daher, nochmals und südlicher als das letzte Mal, den Bellegas zu besuchen. Ich wählte die Richtung nach Sabra, südwestlich von Debr-Eski; vier Träger, Muhamed und Gebra Girgos begleiteten mich. Durch einen engen Felsriß passirten wir am 14. März den senkrechten Rand des

Plateaus und stiegen dann durch eine waldige Schlucht, auf dem schlechtesten und beschwerlichsten Wege, der mir je vorgekommen, in's Thal hinab. Zwei Bäche entspringen hier im Hochland. Der nördlichere bildet einen imposanten Wasserfall von wenigstens 800 Fuß Höhe. Auch hier treten wieder jene terrassenförmigen Plateaux auf, zwischen den einzelnen aus Simên sich herabstürzenden Wildbächen weit in das hier etwas erweiterte Thal vortretend; sie bestehen aber, wie es scheint, nicht aus aufgeschwemmtem Lande, sondern aus Dolerit und Lava, wie ganz Simên. Häufig fand ich hier aber Blasenräume, erfüllt mit einer spangrünen, weichen, thonigen Masse, die geschnitten den vollkommensten Fettglanz zeigt, Wasser begierig einsaugt, aber wenig löslich ist.

Diese Terrassen sind reichlich mit Gramineen, Kronleuchter- und anderen baumartigen Euphorbien, wilden Citronen und namentlich herrlichen Sykomoren-ähnlichen Feigen in vielen Arten bedeckt.

Am Bellegas selbst ist die Vegetation noch großartiger; ich beobachtete hier viele Rhamnus- und Terebinthina-artige Bäume, einen der letzteren mit herrlicher hochrother Blüthe, wilde Bananen, Enset ꝛc.

Die Bewohner bauen Büschelmais und einige Arten von Zea, Guizotia oleifera, Dec. (Nuk oder Nehuk), rothen Pfeffer, Bohnen-Arten ꝛc.

Die Häuser des, wie es scheint, wenig bewohnten Landstriches, der unter der Verwaltung eines Verwandten Ubie's steht, sind überall an den Thalwänden zerstreut angelegt und mit hübschen kleinen Gärtchen umgeben. Diese Bezirke des Bellegas-Thals gehören theils zu Woggara, theils zu Simên; die unterhalb Sabra gelegenen heißen Daserosch und Schum-Delageh. In diesen engen, tiefen Thälern fand ich die Temperatur-Differenz zwischen hier und dem kalten Simên außerordentlich groß. Ungemein reich ist hier auch das Thierreich vertreten, und ich gebe ein Verzeichniß von dem, was ich im Bellegas- und Woina-Thal zu beobachten Gelegenheit hatte, nebst einigen Notizen über mir unbekannte Thiere.

Von Affen-Arten fand ich bloß im Tiefland Cynocephalus Hamadryas und zweifle, daß Macacus Gelada sich hierher verirrt.

Colobus Guereza soll ebenfalls vorkommen, was sehr wahrscheinlich ist.

Chiropteren sind nicht häufig. Ich beobachtete zwei Arten, deren eine (ein Pteropus?) äußerst merkwürdig ist durch seinen großen, Hunde-ähnlichen Kopf und zwei mit feinen, schneeweißen Haaren gefütterte, weite Taschen auf der Brust.

Herpestes Zebra, Rüpp., und Hyrax abyssinicus, Ehrenb., sind gemein (ersterer heißt hier Mutschitschella, letzterer Aschkoko), wie auch Hyaena Crocuta; einzelner Felis Leo und Leopardus*).

Von Lutra-Arten sah ich verschiedene Bälge, konnte aber leider kein vollständiges Thier erhalten; alle heißen auf Amharisch Dagossa oder Dagosta und auf Tigrisch Agosta **).

Phacochoerus Aeliani ist überall ziemlich häufig, hier kommt aber noch ein anderes großes Schwein mit dickem, kurzem Kopf, schlechtem Gewerf und großen hängenden Ohren vor. Ersterer heißt Neffles oder Meffles, letzteres Hassama.

---

*) Von großen Katzenarten finden sich in Abyssinien außerdem noch Cynailurus guttatus, ein schwarzes, Leopard-artiges Thier, dessen Landesname Gessella ist, ferner eine der Beschreibung nach sehr wilde und grausame Bestie mit gelben, schwarzen und weißen Längsstreifen und fast von der Größe eines Löwen. Er heißt in Tigre „Wobo".

**) Am Bellegas und Takasseh scheinen zwei Arten, eine kurz- und eine langschwänzige, vorzukommen. Beide sind schwarz, die eine mit kleinem weißem Fleck auf der Brust und mit flaumartigem Unterkleide. Die Art vom Tana-See ist marbergelb, jedes Haar mit auffallendem Strohglanz, und die vom Thumat, Jabuß ꝛc. rauchgrau, mit breitem gelblichem Fleck auf dem Vorderhals (L. maculicollis?).

Aus der Ordnung der Nager traf ich im Bellegas-Thal ein sehr hübsches Myoxus-artiges Thier, das mir aber leider entkam. Es befand sich in einem Ploceus-Nest, hatte eine Länge von 2 bis 2½ Zoll, sehr langen, aber nicht auffallend langbehaarten Schwanz, glänzend hellbraune Färbung mit einem schwarzen Streif auf der Rückenmitte. Bauch isabellgelb.

Sciurus-Arten traf ich auch öfter, erlegte aber bloß Sc. leucumbrinus, wie auch viele Stachel-Ratten.

Antilope Strepsiceros, A. montana, A. Decula und A. Oreotragus sind häufig; Bos Caffer kommt bloß am unteren Lauf des Bellegas vor.

Von Vögeln habe ich zu erwähnen:

Aquila Verreauxii, Haliaëtos vocifer und Helotarsus ecaudatus.

Circaëtos pectoralis; Circaëtos? (kaffeebraun mit weißem Nacken, weißem Schwanz und vier dunkeln, breiten Binden) konnte nicht erlegt werden. Vielleicht ist es C. cinereus, Vieill., den ich später in der Kolla schoß.

Falco concolor und Buteo Augur.

Strix (Otus) lactea.

Lamprotornis leucogaster und L. tenuirostris.

Pogonias undatus, P. Brucei und P. Vieillotii.

Bucco chrysocomus.

Corythaix leucotis und Chizaerhis zonura.

Psittacula Tarantae.

Picus Hemprichii und P. poicephalus.

Alcedo maxima, A. rudis, A. semitorquata, A. cyanostigma.

Merops variegatus.
Nectarinia Takazzé und N. cruentata.
Orthotomus, spec. nova (O. clamans, mihi).
Drymophila abyssinica und Sylvia brevicaudata.
Saxicola melaena, S. albifrons, S. rufocinerea.
Bessonornis semirufa.
Oriolus Meloxita.
Muscicapa melanogaster und M., sp. nova (M. minuta, mihi).
Vidua paradisea und V. erythrorhyncha.
Serinus xanthopygius.
Colius leucotis.
Tragopan abyssinicus und die zwei Arten von Zimeu, die noch nicht bestimmt werden konnten.
Numida ptilorhyncha. Francolinus Rüppellii und Fr. gutturalis.
Oedicnemus crepitans.
Totanus hypoleucos und ochropus.
Charadrius bicinctus.
Anser aegyptiacus.
Carbo africanus.

Die Amphibien sind hier ebenfalls sehr reich vertreten, doch konnte ich weder von dieser Klasse noch von den Fischen, die sämmtlich Cyprinen zu sein scheinen, etwas einsammeln.

Unendlich reich ist auch die Insektenwelt. Ich beobachtete einige sehr bunte, große Equites-Arten, große Cetonien, verschiedene Chlänien, Rüsselkäfer, Scarabäen und namentlich mehrere Arten stahlblauer Wespen mit rauschendem Fluge und gegen zwei Zoll lang.

Am 17. März klimmte ich wieder die Berge von Simên hinauf und erfuhr, bei Dr. Reitz angekommen, daß endlich die Geschäfte mit Ubie beendigt seien. Wir konnten ihn nicht sehen, da er noch immer nicht hergestellt war, und Reitz hatte Namens der k. k. österreichischen Regierung einen provisorischen Handelsvertrag mit ihm durch Vermittelung des Herrn Dr. Schimper abgeschlossen.

Sogleich wurden nun alle Vorbereitungen zur Rückreise nach Gondar getroffen. Es mußten noch einige Maulthiere gekauft werden, unsere wenigen Effekten zu tragen, und am anderen Morgen waren wir vollständig reisefertig und herzlich froh, endlich von den kalten Bergen uns losreißen zu können.

Dritter Abschnitt.

Rückreise.

Am 18. März traten wir die Rückreise an. Alle gesammelten Naturalien hatte ich in mit Thierhäuten überzogene Rohrmatten verpackt, welche Art des Transports hier zu Lande die einzig praktikable ist, da die Wege häufig zu eng sind, um größere Kisten, die jedenfalls mitgebracht werden müßten, auf Maulthieren zu befördern. Dr. Schimper gab mir sieben Träger bis Gondar mit, deren jeder ein solches Packet von 40 bis 50 Pfund Schwere sich aufbürdete. Zwei Soldaten Ubie's waren uns ebenfalls beigegeben.

Wir schlugen wieder den Weg nach Weina ein, überschritten von dort die Ausläufer der Berge von Entschetkap, aber etwas höher und nördlicher als das erste Mal, und verfolgten eine Stunde lang den Lauf des Bellegas bis zum Zusammenfluß seiner beiden Quellflüsse, deren einer aus Südost vom Silke her, der andere ungefähr aus Süd aus Weggara kommt.

Der Charakter der Gegend ist überall derselbe, nur schienen mir die Wege etwas besser. Auf der Westseite des Thales, in einem kleinen Dorfe, hielten wir nach 5½stündigem Marsche an, um unsere Thiere für den anderen Tag zur Ersteigung des Plateaus von Weggara zu stärken.

Lange vor Aufgang der Sonne kletterten wir am 19. März schon zu dem Gebirgskamm empor, welcher den Bellegas von der Angowa trennt, um auf dem jenseitigen Ufer, unfern der grandiosen Wasserfälle, in welchen letztere vom Hochplateau sich herabstürzt, in nordnordwestlicher Richtung die letzten Höhen zu erklimmen.

Nach fast ununterbrochenem Marsche, natürlich immer zu Fuß, erreichten wir den Rand von Woggara am Dorfe Gomia am heißen Mittag. Hier wurde etwas gerastet und dann in einigen großen Bogen nach Nord verschiedene tiefe Thaleinschnitte umgangen, bis wir mit Sonnenuntergang in Savsawa, der Residenz des Detschatsch Gongul, in's Nachtquartier kamen. Savsawa liegt in direkter Entfernung höchstens 3 Stunden westlich von Gomia.

Gongul ist ein natürlicher Sohn Ubie's, ein Mann von etwa 30 Jahren, bekannt als tapferer Soldat. Er empfing uns nicht auf's Glänzendste, da er eben im Begriff stand, seine Mannschaft zum Contingent des Ras gegen Kasa in's Feld zu führen. Lastthiere und Leute mußten für heute fasten, denn es war durchaus nichts für sie aufzutreiben, und ich schlief in barbarischer Kälte die Nacht im Freien, da ich in der kleinen Strohhütte, die man uns für die Nacht anweisen konnte, zu viel Belästigung durch alle möglichen Sorten kleinen Ungeziefers fürchtete.

Am 20. März passirten wir in aller Frühe schon den letzten Einschnitt des westlichsten Zuflusses des Bellegas, einen weiten Kessel mit von allen Seiten senkrecht und wenigstens 1000 Fuß tief abfallenden Wänden. Zwei breite Bäche, der eine aus West, der andere aus Nord, stürzen sich dort brausend hinab, und auf den Felsen sonnten sich und rangen Hunderte von Dschéllaba's (Macacus Gelada, Rüpp.). Wir erlegten deren einige, und ich schoß noch weiter im Innern der Hochebene eine Antilope montana, Rüpp., einen Canis simensis, Rüpp. (?), nebst einer Hasenart, die ich für verschieden von Lepus isabellinus halte, die leider aber nicht präparirt werden konnte *).

Da wir den ganzen Tag unausgesetzt weiter gezogen waren, blieb ich mit meinem Jäger Muhamed endlich, um wenigstens etwas von meiner Jagd erhalten zu können, gegen Sonnenuntergang hinter der Karavane zurück, welche sich im nächsten Chor lagern wollte. Ich glaubte dieß wohl wagen zu können, da die Entfernung bis dahin höchstens noch eine Stunde betragen mochte, und wir bereits wieder auf unsere alte, im Hinweg nach Simén eingeschlagene Route gekommen waren. Wir präparirten in der Eile vier Bälge und verfolgten die Straße bis zum besagten Chor, aber Niemand war dort zu finden; weiter gehen wollte ich nicht, um nicht am Ende die Richtung zu verfehlen, und blieb daher, nachdem wir auf einige abgefeuerte Schüsse keine Antwort erhalten, in der Nähe des Baches, ohne irgend eine Decke ꝛc. bei mir zu haben, über Nacht. Die eisige Kälte weckte mich aber am 21. März lange vor Sonnenaufgang; wir brachen sogleich auf und fanden bald die Spuren der Vorausgeeilten, die in der Nacht noch bis Dschembelga vorgegangen waren.

Am 22. März begegneten wir vor Isak Debber Gon=

---

*) Sie hat die Farbe von Lepus timidus, weißen Bauch, verhältnißmäßig kurze, röthlich-isabellfarbene Läufe und kaum Kaninchen= Größe: ob der mir unbekannte L. abyssinicus?

7*

gul's Mannschaft, deren Vorposten bis gegen jenen Ort vorgeschoben waren, achthundert meistens gut berittene Leute.

Am 23. erreichten wir zeitig die Brücke von Bambulo, wo uns Juffuf und einer unserer in Gondar zurückgebliebenen arabischen Diener entgegenkamen. Wir erfuhren hier, daß Kafa indessen in Gondar gewesen und mit seinem Heer in Dembea liege; die Truppen des Ras seien in der Nähe von Goraba am Tana-See zusammengezogen und erwarteten bloß den Zuzug aus Tigre, um über ihren Feind herzufallen, von welchem in Gondar Gerüchte über eine Vereinigung und Unterstützung durch die Türken, die eben mit Ismaël Pascha in Galabat standen, im Umlauf waren. Omer Beg war indessen über Wolkaït und Tagabeh nach Woggara gekommen und hatte von dort über bodenlose Wege seine Reise bis Debra Tabor in Begemeder fortgesetzt.

Noch am Abend des 23. sandten wir von Gondar einen Expressen an Kafa, mit der Bitte, uns eine Begleitung von einigen Soldaten bis zu seinem Lager zu geben, da Dr. Reitz es für angemessener hielt, wegen Unsicherheit der Straßen unter den jetzigen Verhältnissen und namentlich in Anbetracht der schon sehr vorgerückten Jahreszeit, auf die Reise zu Ras Ali zu verzichten.

Ich erbot mich, die Tour nach Bitschaena mit leichtem Gepäck, einem guten Führer und frischen Maulthieren zu unternehmen, welchen Weg auch Abuna Gabriel jetzt einzuschlagen gedachte. Reitz rieth mir aber ab, weil meine Fußwunde wieder schlimmer geworden war, und so blieb ich. Es wurden dagegen einige vertraute Leute unserem Geistlichen beigegeben mit Briefen und den Geschenken für

Ras Ali, und Abuna Gabriel versprach, sein Möglichstes zu thun, bis Ende Aprils wieder in Galabat zu uns zu stoßen, wo ihn Dr. Reitz erwarten wollte.

Am 24. März erhielt ich ein Schreiben meines bei Kasa weilenden Kaspar's mit der dringenden Einladung des ersteren, augenblicklich Gondar zu verlassen und uns in Sicherheit zu begeben. Gleichzeitig kamen die verlangten Soldaten mit zwölf Maulthieren zum Transport des Gepäckes. Bis dieses gehörig geordnet und gebunden war, verging der ganze folgende Tag und erst am 26. konnte aufgebrochen werden.

Erst Mittags kamen wir in Asasso an, wo uns eine größere Militair-Eskorte Kasa's in Empfang nahm, die uns bis zu ihrem Gebieter zu geleiten hatte.

Von Asasso ging es in südsüdwestlicher Richtung durch das schöne, reich bebaute Flachland der Provinz Dembea. Einige Stunden vom See entfernt wandte sich die Straße mehr westlich, und mit Sonnenuntergang, nachdem wir einen starken Gewitterregen ausgestanden, erreichten wir die Vorposten unseres Freundes an einem kleinen, auf niederen Hügelzügen zerstreut angelegten Dörfchen. Die Nacht wurden wir stark von Hyänen beunruhigt, die unsere Maulthiere allarmirten, aber ihre Angriffe theuer bezahlen mußten.

Am 27. März kamen wir in westlicher Richtung nach siebenstündigem Marsch bis Tschangar, wo ich mir noch einen guten Agau-Hengst kaufte, da meine Thiere durch die erbärmlichen Wege und die lange Reise viel Noth gelitten hatten. Nach kurzer Ruhe zogen wir etwa in derselben Richtung nördlich am Vorgebirge Gorgora vorüber,

paffirten einen ifolirten Berg, deffen Krone aus, gegen die
Spitze convergirenden, Bafaltfäulen bestand, und erreichten
bald darauf den Tana-See an einer Stelle, wo Kafa den
Tag zuvor noch gelagert war. Heute hatte er aber sein
Centrum 1½ Stunde weftlicher auf eine kleine Anhöhe
verlegt.

Hier ist die Oftgrenze der Provinz Dagoffa (wahrscheinlich nach den vielen Eleufine-Pflanzungen — amharisch
Dagossa — so genannt). Eine breite fumpfige Thalfläche,
die das Seeufer zwischen Gorgora und der Wafferfcheide
der Ganboa, Denber, Rahab 2c. begrenzt und mit vielen
Gräben durchzogen war, hatten wir von Oft nach Weft
quer zu überfchreiten. Dort, wo der Tana nicht unmittelbar von Gebirgen eingeengt ist, find seine Ufer, wenigstens
so weit ich sie kenne, sehr seicht.

Erst um 10 Uhr stießen wir zum neuen Lager, wo wir
trotz allem Kriegslärm wieder auf's Beste von Kafa empfangen wurden.

Während unserer Abwesenheit hatte letzterer wirklich
den Besuch eines Abgesandten Ismaël Pascha's mit reichen
Geschenken empfangen. Der Ueberbringer war ein türki-
scher Kaimakan, bloß von wenigen Kavaffen begleitet. Die
Geschenke bestanden in Teppichen, goldgestickten Divankiffen,
Waffen, namentlich ungeheueren Flintenläufen, bis zu sechs
Fuß lang, mit dem lütticher Fabrikzeichen, Pferdegeschir-
ren 2c. 2c.

Am 28. März in der Frühe machte sich Herr Dr. Reitz,
auf Kafa's unabläffiges Dringen, mit aller Bagage wieder
auf den Weg nach Tschelga, nachdem ihm Kafa noch zwölf
gute Maulthiere zur Reife übergeben hatte; ich ließ es mir

aber nicht nehmen, mir den herrlichen Tana=See noch einige Tage anzusehen, da ich ohnedieß hoffen konnte, bei ungünstigem Ausgange des Krieges schnell in den Bergen von West=Dagossa oder Tschelga zu sein.

Ich behielt bloß meinen Jäger Muhamed und einen abyssinischen Diener, der mich bis Chartum begleiten wollte, bei mir, mit den allernöthigsten Vorräthen für eine etwa zehntägige Reise, drei Pferden, einem Maulthier und einem Esel.

Noch an demselben Tage lud mich unser Gastwirth zu einer kleinen Schiffparthie auf dem Tana ein, indem er mir Hoffnung auf Beute, namentlich in Fischen, machte; und die mir der sonderbaren, am ganzen See gebräuchlichen Fahrzeuge (amharisch Tangoa) wegen nicht uninteressant war.

Kasa besaß nämlich dort etwa funfzehn kleine Nachen zum Transport von Kriegsvorräthen ꝛc.; auch hatte er im Sinne, seine Frau und Kinder, falls der Krieg unglücklich ausfallen sollte, darauf zu flüchten. Er erzählte mir während der Fahrt, daß er früher in diesen Schiffen sogar gegen Detschatsch Buru=Goschu eine Seeschlacht geliefert habe. Die Tangoas bestehen lediglich aus starkem Schilf, das sorgfältig in etwa vier Zoll dicke Bündel gebunden ist, welche der Länge nach wieder durch Stricke aneinandergefügt sind. Sie haben eine Länge von 10 bis 18 Fuß, sind an dem stark aufwärts gebogenen Schnabel und am Hintertheile zugespitzt, unten ganz flach, und in der Mitte befindet sich ein über den Bord erhabener viereckiger Sitz aus demselben Material. Zwei Mann mit Doppelrudern führen diese Barken leicht und ziemlich schnell, aber gewöhnlich sind sie zur Hälfte mit Wasser gefüllt. Untergehen oder umschlagen können diese Fahrzeuge aber nicht wohl und sie tragen ziemlich schwer. Ist die Fahrt vollendet, so werden sie an's Land gezogen, über einen Baumstamm umgestürzt und getrocknet.

Abends erlegte ich im hohen, trockenen Grase am Strand noch einige Trappen und einen Riesenreiher (Otis melanogaster, Rüpp., und Ardea Goliath, Rüpp.).

Am 29. wurde ein Ausflug an's Vorgebirge Gorgora veranstaltet, dessen Ruinen ich zu sehen wünschte. Von meinen Leuten und einem Soldaten begleitet, ritten wir bis zum alten Lager zurück und wandten uns von dort südlich auf die Landzunge, der gegenüber sich einige kleinere Inseln befinden. Unter einem gehörigen Regenschauer überkletterten wir einen Felskamm und gelangten bald darauf, nachdem wir uns etwas durch fast undurchdringliches Dickicht und Dornen gearbeitet hatten, an die Südseite eines weit in den See vorspringenden Bergrückens, dessen unmittelbarer Abfall zum Ufer hier eine etwa 15 Fuß hohe senkrechte Bank bildet. Ein schmaler Eingang führt an einer wahrscheinlich früher durch Wellenschlag unterwaschenen Kluft, deren Vorderseite roh verbaut ist, unterirdisch in ein kleines viereckiges, etwa 10 Fuß hohes Gemach, das nach Ost und West in weitere, theils künstliche, Gemächer mündet. Wendet man sich zur Rechten, so stößt man auf eine Kirche, deren Plafond von einigen viereckigen Pfeilern unterstützt wird. Bänke sind an den Wänden ausgehauen und in der Mitte stehen noch die Reste einer Art hölzernen Hochaltars, wie er in abyssinischen Kirchen schon seit vielen Jahrhunderten gebräuchlich ist. Von dieser Kirche führen zwei correspondirende Gänge, etwa von Süd nach Nord, sich ziemlich parallel laufend, in schräger Richtung aufwärts, quer durch den ganzen Bergrücken.

Ein Kanal von Süd her ist vom See bis neben die Kirche in den Fels gehauen, sein Ausgang ist aber jetzt verschüttet. Die westlich vom Eingang liegenden Gemächer sind von noch roherer Arbeit als die eben beschriebenen, auch sind sie theilweise in Schutt begraben, und die dem See zunächst liegenden, wie die Kirche, erhalten einige Beleuchtung durch verschiedene kleine, in der Mauerung und den Felsen angebrachte Löcher.

Inschriften sind nirgends zu sehen, auch fand sich, außer etwas aufgeschichtetem Brennholz, keine Spur von menschlichen Bewohnern dieser Grotte, die von einer Unzahl Flebermäusen (ich glaube, Taphozous) wimmelt. In einem der Durchgänge lagen verschiedene Flußpferd-Knochen zerstreut, welche durch irgend einen Zufall hereingeführt worden sein müssen. Letzteres Thier ist, beiläufig gesagt, im Tana-See ungemein häufig, scheint dort aber nicht die Größe seiner Verwandten im Nil, Atbara 2c. zu erreichen.

Ueber Zweck und Alter dieses unterirdischen Baues kann ich keine passende Aufklärung geben; es ist die ganze Anlage zu unsymmetrisch und roh ausgeführt, als daß ich glauben könnte, sie stamme aus der Zeit des portugiesischen Einflusses im Lande.

Auf jenem Bergrücken, wohl so ziemlich über der Grotte, finden sich im dichten Holz die Ruinen einer größeren, aus unbehauenen Steinen erbauten Kirche, einer Rotunda, deren Pfeiler und Bogen noch ziemlich erhalten sind. Weiter östlich stieß ich auf Reste von Mauern und anderen Gebaulichkeiten, deren Form aber ohne Nachgrabungen nicht mehr zu unterscheiden ist.

Nach Aussagen einiger Hirten, die wir dort trafen, liegt im Innern von Gorgora auf einer Anhöhe eine weitere, von den Portugiesen aus behauenen Steinen aufgeführte Kirche von ansehnlichem Umfange *).

Die naturhistorische Ausbeute auf Gorgora bestand in einer Parthie der erwähnten Chiropteren, einer Antilope Decula, Carbo africanus, Plotus Levaillantii, Fulica cristata und Parra africana, die alle hier ungemein häufig sind, Chizaerhis Zonura, Hirundo senegalensis, Falco concolor und Morphnus occipitalis. Bemerkt wurde noch außer einer Menge von Enten, Gänsen, Strandläufern, Regenpfeifern, Reihern ꝛc. eine Ardea, fast von der Größe eines Nacht-Reihers (A. Nycticorax), mit ganz stahlgrünem Gefieder und orangegelbem Schnabel und Füßen.

In's Lager zurückgekehrt, wurden wir mit herrlichen blauen Weintrauben von ungeheurer Größe und Pfirsichen bewirthet, die Kasa in großer Quantität von Dembea bezogen hatte. Die ersteren, welche in der Umgebung des Tana häufig cultivirt und sogar zur Weinfabrikation verwendet werden, transportirt man dort in leichten Holzgeflechten, die äußerlich mit Lehm bestrichen sind, bei welcher Art von Aufbewahrung sie sich Monate lang halten sollen.

In Ermangelung von anderen tauglicheren Gefäßen wird der Wein in große irdene Krüge verfüllt, die mit einem

---

*) Leider erfuhr ich erst nach meiner Rückkunft aus Abyssinien aus einigen Reisewerken, daß Gorgora früher ein königlicher Sitz und längere Zeit der Aufenthalt portugiesischer Jesuiten war.

Thonpflaster verschlossen werden, weßhalb das edle Getränk sich nicht gehörig erhalten kann, da zudem bei der Verfüllung so unreinlich als möglich zu Werke gegangen wird.

Von den heute von Kasa für mich ausgeschickten Fischern wurde gar nichts geliefert; auch die folgenden Tage machten sie keine besseren Geschäfte.

Am 30. März hatten wir vollauf mit Präpariren des gestern Erlegten zu thun, doch konnte ich Abends das Ufer zunächst am Lager noch etwas durchstöbern. Ich schoß noch drei Otis melanogaster, einige Parra, Sarkidiornis melanotus und Falco melanopterus.

Am 31. März nöthigte mich Kasa, ihn bei einer Inspektion seines Lagers zu begleiten. Zunächst um seine Stallungen und Zelte, die auf dem höchsten Orte des okkupirten Terrains angebracht waren, unter Gottes freiem Himmel befanden sich die Pulverfabrikanten und Flintenschäfter in eifrigster Arbeit. Der Schwefel zum Schießpulver wird in ganz Abyssinien aus den Steinsalzgruben im Lande der Teltal in Tigre bezogen, wo er ziemlich rein in großer Menge gewonnen wird. Salpeter scheint aus dem Sudan eingeführt zu werden, und die Kohle wird meist aus einem weidenähnlichen Baume gebrannt. Das Zusammenreiben der nöthigen Quantitäten geschieht höchst einfach in hölzernen mörserartigen Geschirren. Auf's Körnen des Pulvers verstehen sich die Leute gar nicht, doch ist das Produkt, abgesehen von der Form, nicht schlecht zu nennen.

Die Gewehrschäfter arbeiten mit einer Art Quer-Axt aus dem zähen, weißen Holze des Wanza-Baumes (Cordia abyssinica) mit großer Geschicklichkeit und ungemein schnell recht gute, dauerhafte Schafte für Flintenläufe, die meist aus Arabien her eingeführt werden. Gewöhnlich sind die Gewehre ganz geschäftet und alle im Lande montirten bloß mit Luntenschlössern und verschließbarer Zündpfanne versehen. Die Lunten werden aus einem Baumbast gedreht und mit Salpeter getränkt.

Kugeln hat sich jeder Soldat selbst anzuschaffen; sie bestehen aus kleinen, auf Steinen etwas rund geklopften Eisenklötzen. Auch soll ein großer Theil der Schützen kein fertiges Pulver fassen, sondern bloß eine gewisse Ration Schwefel und Salpeter.

Kasa mochte bei meiner Anwesenheit etwa 800 bis 1000 Gewehre besitzen, die an hierfür verantwortliche Offiziere ausgetheilt sind. Bei weitem die größte Anzahl des Militairs ist bloß mit Säbel, Lanze und Schild bewaffnet.

Auch die nicht zahlreiche, aber gut berittene Cavalerie trägt letztgenannte Waffen, und die Lanzen werden höchst selten geworfen. Von einem Exercitium der Truppen ist gar keine Rede, auch scheint man in Abyssinien immer eine offene Feldschlacht der Vertheidigung einer Verschanzung ꝛc. vorzuziehen.

Um den ganzen Hügel herum, dessen Lage recht gut gewählt war, hatte jede einzelne Abtheilung Baraken in großen Kreisen aufgeführt, in deren Mitte die Wohnung des Chefs mit der Feldmusik — großen Pauken — sich befand.

Vorposten waren — namentlich gegen Gondar zu — jede von einem Offizier, dem einige Berittene zugetheilt waren, in verschiedenen Entfernungen an allen Passagen aufgestellt, und einige zwanzig Mann Schützen hatten von Mitternacht zu Mitternacht mit brennenden Lunten die Wache bei Kasa's Wohnplatz und der Munition.

Für gehörige Vertheilung der Lebensmittel hatte jeder Chef zu sorgen; Futter für Pferde und Maulthiere und Brennholz — vorzüglich zu den kolossalen Wachtfeuern — ward immer in Ueberfluß beigeschafft.

Von Zeit zu Zeit trafen Spione von allen Seiten — meist Gebertis — und Rapporte von den Vorposten ein, und bei Angelegenheiten von einiger Wichtigkeit versammelte der Fürst unverzüglich einen Kriegsrath, der immer mit übermäßigem Genuß von Hydromel und großem Geschrei geschlossen wird.

Am 1. April wagte ich mich, obgleich mich Kasa gewarnt hatte, nochmals nach Gorgora, das seit drei Tagen ganz von den Einwohnern verlassen worden war. Einige Conchilien, Ardea orientalis, Rüpp., Gallinula, spec. nova (G. erythropus, mihi), Ciconia ephippiorhyncha, Rüpp., Anastomus lamelligerus, Charadrius bicinctus ꝛc. wurden erbeutet; bemerkt: Psittacus Tarantae, Muscipeta melanogaster, Totanus stagnatilis, T. ochropus, Tringa minuta, Limosa melanura, Nacht-Reiher ꝛc.

Das vorherrschende Gestein von Gorgora scheint Basalt zu sein, doch konnte ich keinen der Hauptberge, auf deren Gipfel ich deutlich Säulenbildungen wahrnehmen konnte, selbst besteigen. Am Fuße eines solchen, noch auf der Westseite des Vorgebirges, lagen viele Trümmer drei- bis sechsseitiger, oft mehr als einen Fuß dicker Basaltprismen von unbedeutender Länge umher. Das Gestein scheint hier ausnahmsweise sehr arm an Olivin zu sein. Sonst stieß ich am Ufer noch auf Kalkbildungen (?), wahrscheinlich neueren Zeiten angehörig, die Bänke von feiner horizontaler Schichtung bilden. Petrefakten sind mir nicht vorgekommen. Die Farbe dieses Gesteins wechselt zwischen rein-weiß, hell-rostgelb und grau, und die Oberfläche ist häufig fein wellenförmig abgewaschen.

Diesen Abend erfuhren wir noch, daß die Truppen des Ras und Ubie's von Gondar aus, wo sie sich vereinigt hatten, im Vorrücken gegen Kafa begriffen seien.

Am 2. April veranstalteten wir wieder eine kleine Schifffahrt auf dem Tana, um einige Wasservögel zu erlegen, aber ohne großen Erfolg.

Am anderen Tage jagte ich Nachmittags etwas auf der Westseite des Sees. Im hohen Schilf traf ich dort eine Unzahl von Plectropterus gambensis, Fulica cristata und Ibis falcinella (oder einer ihr sehr ähnlichen Art), Ibis religiosa und namentlich Millionen von Königs-Kranichen (Grus pavonina). Vier Mann waren kaum im Stande, meine Beute nach Hause zu bringen, wo unterdessen wichtige Nachrichten eingetroffen sein mußten, da großer Kriegsrath versammelt war, der bis in die späte Nacht dauerte und wie gewöhnlich erst aufgehoben wurde, als der letzte betrunkene Rath von seiner Dienerschaft nach Hause geschleift war und letztere den Rest der Detsch-Gefäße geleert hatte.

Das ganze Lager war die Nacht hindurch in Bewegung: Reitende wurden ausgesandt, Botschaften entgegengenommen, die Nogaren (Trommeln) geschlagen, geschossen, Pferde getummelt, geschrieen und gelärmt, daß an Schlaf für heute nicht zu denken war.

Kafa, den ich bloß im Vorbeigehen sprach, erzählte mir, das er sichere Nachricht habe, daß das 1½ Stunden entfernte Gorgora von den Gallas des Ras, einer vorzüglich berittenen Truppe aus den Bergen von Baffo, besetzt sei, die vielleicht schon morgen angreifen würden. Er erwarte in der Nacht noch reiche Zuzüge aus Süd und Südost von Agan, Agumeder 2c., und es sei beschlossen, sich noch etwas gegen die Gebirge am Westufer des Tana zurückzuziehen.

Am 4. April, noch lange vor Tag, ward mir mein Zelt über dem Kopfe abgebrochen, und bereits zogen einzelne Truppen in westlicher Richtung ab. Kasa's Zelte und wenige andere Effekten brachte man auf die Schiffe, seine Frau mit einigen Eunuchen ließ sich ebenfalls in einem Fahrzeug den Strand entlang fahren, und mit Sonnenaufgang war das ganze Lager in Marsch und die Baraken zusammengebrannt. Offiziere und Soldaten hatten sich und ihre Pferde und Maulthiere möglichst aufgeputzt, doch herrschte in diesem Putz nicht die geringste Uebereinstimmung weder in Schnitt noch Farbe. Manche trugen eine Art Tarbusch mit ungeheueren Goldquasten, Andere rothe, gelbe oder blaue Mäntel, aus bis an die Kniee reichenden, mit vielen Quasten besetzten, dreieckigen Stücken zusammengesetzt. Die Pferde hatten Kettchen und Stirnbänder von Silber oder Messing, viele auch eine Art Halsband von vorwärtsstehenden, über einen halben Fuß langen Roßhaaren 2c. Alles war lustig und guter Dinge, die Soldaten marschirten truppweise, von ihren Offizieren geführt und gefolgt von ihren Sklaven, Weibern und Mädchen, deren jedem eine gehörige Bürde von Mundvorräthen und Gepäck aufgeladen war. Nach fast zweistündigem Marsche langten wir an einem kleinen Hügel an, dessen Spitze eine mit schönen Baumgruppen umgebene alte Kirche krönte. Dort wurde Halt gemacht, jedem Corps sein Lager angewiesen, dessen Südflügel das Centrum mit dem See verband. Indessen waren die Nachen auch angelangt und in Kurzem Holz und Gramineen beigeschafft und Baraken gebaut. Doch war es die höchste Zeit zum Rückzug gewesen, da man mit bewaffnetem Auge bereits die Vorhut oder Plänkler der Ras'schen Armee zwischen Gorgora und dem heute verlassenen Lager umherstreifen sah.

Die Zeit, in welcher Dr. Reitz mich in Wochni erwarten wollte, war auch bald abgelaufen, und ich fand es, namentlich im Fall des für Kasa ungünstigen Resultates einer unvermeidlichen Schlacht, für höchst angemessen, das Feld zu räumen.

Meine Leute hatten einige Tage früher einen Djahlihn-Araber aus E-Lucha in der Provinz Dongur aufgetrieben, der fertig amharisch sprach, die Wege nach Galabat kannte und eben im Begriff stand, in seine Heimath zurückzukehren. Ich hatte ihn daher als Führer engagirt und sandte ihn mit Muhameb und Goschu nach Goára zu voraus, ohne mein Gepäck, das bloß aus meinen am Tana gemachten Sammlungen, einigen Teppichen und dem nöthigsten Mund- und Schießvorrath bestand, von den Lastthieren nehmen zu lassen und ohne Kasa vorher davon zu benachrichtigen. Ich blieb noch allein mit meinem Reitpferd zurück, um mich bei Kasa zu verabschieden, der zuerst in der Kirche sein Gebet verrichtete und dann einen Kriegsrath abhielt, wobei ich ihn wieder nicht stören wollte. Kaspar, der indessen von Kasa als sehr brauchbar erfunden und dessen eiserne Entschlossenheit und Treue großen Eindruck auf ihn gemacht zu haben schienen, wollte der Fürst.

durchaus nicht mehr entlassen, indem er behauptete, er sei mit Dr. Reitz übereingekommen, denselben einige Zeit bei sich behalten zu dürfen. Ersterer hatte zwar den Aufenthalt unter diesen Leuten bereits satt, entschloß sich aber, da weder seinen Vorstellungen, noch meinen Protestationen viel Gehör geschenkt wurde, noch länger hier zu bleiben.

Kasa bat auch mich dringend, zu bleiben und die Schlacht vom See aus mit anzusehen, wenn ich nicht thätig dabei mitwirken wolle, und wollte unter keiner Bedingung zugeben, daß ich die Route direkt nach Goára nähme, da der Weg unsicher und er in den zu pasirenden Provinzen selbst nicht ganz Herr sei. Umsonst! ich wünschte ihm glücklichen Ausgang seiner Unternehmungen, bestieg meinen Schimmel und jagte meinen Leuten, die schon einen großen Vorsprung haben mußten, nach. Etwa um 2 Uhr Nachmittags fand ich sie an der nordwestlichsten Bucht des Sees gelagert*). Augenblicklich wurde aufgebrochen, und wir zogen, in südwestlicher Richtung langsam bergan steigend, 5 St. lang fort. Etwa zur Hälfte des Weges und auch ungefähr in der halben Höhe des von Wali=Dabba her längs dem Tana hinziehenden Gebirgsrückens passirten wir einen großen Marktplatz, der, nach Aussage unseres Führers, sehr besucht ist. Ein Dorf findet sich hier nicht, dagegen sind unter breitästigen Sykomoren eine Menge Basalt=Säulen ziemlich regelmäßig zum Sitzen für das versammelte Publikum aufgerichtet.

---

*) Zwei Wege führen aus dieser Gegend in's ägyptische Gebiet: einer, der nördlichere, über Kerkemetsch in 5 Tagen nach Wochni und der andere, von uns eingeschlagene südlichere, direkt nach Galabat.

Auf der Höhe angelangt, sahen wir deutlich in ostsüdöstlicher Richtung vor uns die große Insel Dek im Tana. Die Aussicht auf die Gebirge von Begemeder und Bellesa war etwas beschränkt durch Höhrauch.

Wir hatten bis jetzt einige kleine Chors ohne Wasser passirt, die Vegetation war ebenfalls nicht üppig und großer Baumschlag fehlte mit wenigen Ausnahmen ganz. Ein Steppenbrand, der uns fast ereilt hätte, mußte schleunigst umgangen werden. Auf dem Wege sahen wir eine Menge Thurmfalken, Wiesenweihen und Ciconia Abdimii, welche mit ungemeiner Kühnheit in dem dicksten Rauch und unter den Flammen nach Heuschrecken jagten: die Raubvögel im Fluge, die Störche laufend, oft über glühendes Stoppelwerk weg.

Kurze Zeit befanden wir uns auf einer Hochebene, dann mußte ein weiter Chor, der bereits nach West zu münden scheint, überschritten werden. Er ist dicht belaubt, und an seinen Ufern jagten wir einige Phacochoerus und Antilope strepsiceros.

Vom Plateau aus in nördlicher Richtung konnte man in verschiedene tief eingerissene Thalschluchten hinabsehen, welche ungefähr nordwestliche Richtung haben und in die Ganboa münden sollen. Ich bemerkte hier, was mir schon bei Ersteigung der Höhen von Wali-Dabba aufgefallen war, daß die westlich von der Wasserscheide liegenden Thäler bereits an ihrem Anfang viel tiefer gelegen sein müssen, als der Spiegel des Tana.

Erst etwas nach Einbruch der Nacht erreichten wir Duk-el-arba, den Hauptort der Provinz Dagossa, ein großes Dorf mit erhabener Kirche.

Die Einwohner, die eben mit Singen und Beten um Hülfe aus Kriegsnöthen beschäftigt waren, nahmen uns höchst ungastfreundlich auf, wollten uns sogar nicht einmal ein Haus oder eine Stallung für unsere müden Thiere geben, was der vielen wilden Thiere wegen absolut nöthig ist. Wir waren endlich genöthigt, Gewalt zu gebrauchen und den Schech gefangen zu setzen, bis uns Brod und Futter gegen Bezahlung geliefert wurde.

Die ganze Nacht war die Bevölkerung auf den Beinen und in beständiger Furcht vor einem Rückzug der Kasa'schen Truppen, bei welcher Gelegenheit einige Jahre früher das Dorf verwüstet und verbrannt worden war.

Am 5. April brachen wir lange vor Tag auf, um möglichst bald auf sicherem Boden zu sein. Unser Weg führte jetzt immer bergab, zuerst in flachen Chors, später aber an steileren Abhängen hin. Hier beginnen wieder die herrlichsten Kolla-Länder mit ihrem tropischen Baumschlag, auch traf ich da zum ersten Male eine Palmenart (wahrscheinlich Phoenix) von ansehnlicher Höhe, mit Blättern wie die Dattelpalme, aber ungemein schlank und hoch. Keine Spur von menschlichen Bewohnern war zu sehen, dagegen viel Wild, Antilopen, Schweine, Frankolin- und Perlhühner in Menge. Auch stießen wir hie und da schon auf Exkremente von Nashörnern, die hier ganz eigener Art zu sein scheinen. Sie sollen nämlich bloß zwei gleich-große, selten über 5 Zoll hohe und mit einem starken Grat versehene Hörner haben, die auch äußerlich von ganz hell-graugelber Farbe sind.

Aus der Thierwelt beobachtete ich: Antilope strepsiceros, A. montana und A. Oreotragus, Cynocephalus Hamadryas, Hirundo pristoptera, Rüpp. (bloß im dichten Wald, sitzt auf dürren Baumästen, wie die Ziegenmelker), Alcedo Chelicuti, Stanley, Drymoica robusta, Rüpp., einen neuen Laubsänger (Ficedula elegans, mihi), Graucalis pectoralis, Rüpp., und Vanellus senegalensis.

Nach fünfstündigem Marsche nach Westnordwest machten wir an einer Felskluft, in der sich ein natürlicher Brunnen befindet, Halt, um die erbeuteten Thiere zu präpariren, zogen dann ungefähr in derselben Richtung noch 3 Stunden, immer in unebenem, ganz unbewohntem Terrain, durch Hochwaldungen weiter, bis uns die Nacht ereilte. Hier soll die Grenze zwischen Dagossa und Sarago sein, und wir konnten hoffen, jetzt den Kriegslärm so weit hinter uns zu haben, daß von dieser Seite nichts mehr zu fürchten war.

Am 6. April wurde wieder zeitig aufgebrochen; unsere Richtung war ungefähr dieselbe, ebenso Vegetation und Terrain. Immer führte der Weg bergab, an langen Bergzügen hin, zu unseren Seiten oft Schluchten von wenigstens 2000 bis 3000 Fuß Tiefe. Nach achtstündigem Marsch umgingen wir noch eine solche Schlucht an einer für unsere Lastthiere nicht ungefährlichen Stelle. Von dem Kamme, der noch zu überschreiten war, ist die Aussicht nach Nord und Süd ziemlich frei auf die Gebirge des Tangab und Legau (Agau, Agow, nach Bruce). Hier scheiden sich auch die Wege: ein nördlicher oder nordwestnördlicher führt nach Galabat, ein mehr westlicher nach E-Lucha, Deberki am Denber und Sennaar.

Ich übernachtete in einem kleinen verlassenen Dorfe, wo noch einige Ausreißer aus Kasa's Lager zu uns stießen.

Erlegt oder beobachtet wurden heute eine Menge Prionops cristatus, Buphaga erythrorhyncha, Sylvia brevicaudata, ein sehr hübscher neuer Singvogel (Cisticola ferruginea, mihi) und große Ketten von Ptilopachus ventralis, einer sehr hübschen, kleinen und wohlschmeckenden Hühnerart, die den Schwanz immer seitlich zusammengedrückt und aufgerichtet trägt, wie unsere Haushühner.

In nördlicher Richtung immer abwärts steigend, erreichten wir am anderen Tage nach 3 Stunden den Flecken Anaho, den Hauptort der Provinz Sarago, wo wir unseres heute zurückgebliebenen Gepäckes und der für die Thiere sehr anstrengenden Wege halber Rasttag halten mußten.

Anaho ist von Abyssiniern und eingewanderten Arabern, die von Viehzucht, Baumwollen- und Büschelmais-Bau leben, bewohnt. Das Volk traute uns anfänglich gar nicht; der Schech, den ich augenblicklich bestellte, wollte abwesend sein, und man gab uns nicht einmal gegen Versprechung einer Belohnung ein Obdach und Futter für unsere armen Thiere; auch waren alle meine Provisionen zu Ende. Ich ging daher mit einem Araber, der sich erbot, mich zum Schech zu führen, in die Wohnung desselben, ließ mein Gepäck abladen, ein Schaf wegnehmen und einen Togul für mich ohne Umstände mit Beschlag belegen. Jetzt erschien der Herr des Hauses mit langem Gesicht. Seine Wuth war aber bald besänftigt, als er sah, daß mit Gewalt nichts gegen uns auszurichten sei, ich ihm Bezahlung für Alles anbot und ihm noch ein kleines Geschenk machte.

Die Leute, die nie einen Türken und Europäer gesehen, hielten uns für ersteres, wurden aber doch bald zutraulicher und brachten Brod in Menge, Milch, Tabak ꝛc., um Glasperlen dafür einzutauschen. Schech Saube war wie umgewandelt und dienstfertig in allen Stücken, indem er sich sogar weigerte, irgend etwas für weitere Leistungen anzunehmen.

Anaho liegt auf einem Gebirgsvorsprung, der nach West, Nord und Ost tief und steil abfällt. Hier konnte ich mich wieder etwas orientiren, da nach West, Nord und Nordost die Aussicht freier ist und ich deutlich den Djebel Abihn, Amphelan und den Angebibba bei Wochni unterscheiden konnte, deren Azimutwinkel von Sarago aus aufgenommen wurde.

Von hier führt ein Weg über die Schimfa auf das Hochplateau von Zana und Goára (nordwestlich) und ein anderer über Merbibba nach Galabat. Wir beschlossen, letzteren, der weit besser und von Merbibba aus mit Kameelen passabel sein soll, einzuschlagen, namentlich da man mir Hoffnung machte, auf dem Wege eine interessante „kochende Quelle" zu Gesicht zu bekommen.

Am 9. April Abends, nach einem drückend heißen Tage, stiegen wir in Begleitung des Schech Saube und seines Sohnes, die sich die Ehre nicht nehmen ließen, uns bis Merbibba zu führen, über verschiedene steile Terrassen durch Bambuswälder bergab bis zu einem kleinen Teiche, wo verlassene Hütten eines Kasa'schen Lagers aus der Zeit der Flucht vor Detschatsch Buru-Goschu standen. Ich erlegte hier einige Hirundo rufula, Pogonias Brucei und undulatus, die in der Nacht am Wachtfeuer noch präparirt wurden, während unser zahlreiches Gefolge von Anaho noch ein in Elephantenbraten, Brod und Merissa bestehendes Abendbrod für die Diener, Futter für Pferde und Maulthiere beischaffte und einen hohen Dornheckenkreis gegen etwaige Angriffe wilder Thiere errichtete.

Am 10. April zog ich auf wirklich etwas passableren Wegen, verschiedene Chors, deren bedeutendster Basmehl heißt, durchsetzend, in nordnordwestlicher Richtung weiter durch ein thalähnliches Terrain, dessen Seiten dicht mit Bambuswäldern und kolossalen Hochbäumen besetzt waren. Die Chors haben noch schöneren Baumschlag und winden sich oft zwischen gigantischen Felsmassen durch; oft haben sie in der aus dichter Lava bestehenden Thalsohle tiefe, enge Rinnen ausgegraben, die sie in vielen Wasserfällen durchschäumen.

Hier beginnt auch der eigentliche, beständige Aufenthaltsort von zahlreichen Elephanten- und Büffelheerden; einzelner findet sich das Nashorn. Schaaren von Cynocephalus bewohnen die Felsgehänge und auf den Gipfeln der Laubholzbäume, die kein Schrotschuß erreichen kann, wiegen sich den Ruhestörer ihrer Einsamkeit mit komischen Fratzen ankläffende Familien von Colobus Quereza. Von Elephanten sahen wir heute bloß die Fährten aus der vorjährigen Regenzeit, deren Menge und Tiefe aber oft weite Strecken für Pferde gefährlich und ganz unpassabel machten. Mehr genirten uns noch die wilden Büffel, deren Erscheinen jedesmal eine complete Flucht aller Packthiere zur Folge hatte. Doch trafen wir sie bloß Abends, entweder ruhig an Bambusblättern weidend oder in wildem Galopp dem Wasser zujagend. Sie lieben vorzüglich sumpfige Stellen, wo sie sich der sie beständig beunruhigenden Fliegen wegen im Schlamme wälzen, welcher so zäh in den dicken

Haaren hängt, daß er ohne Auflösung in Wasser gar nicht zu entfernen ist. Gleiches thun auch Elephanten, Rhinoceros und Schweine, die alle aus der Ferne graugelb aussehen, was mich anfänglich, ehe ich diese Gewohnheit kannte, in großes Erstaunen setzte, indem ich glaubte, ganz unbekannte Thiere vor mir zu haben.

Einem ungeheueren Büffelmännchen kam ich, gedeckt durch Felsen und Bäume, so nahe, daß ich ihm auf eine Entfernung von etwa 30 Schritten zwei Kugeln geben konnte. Wüthend stürzte die Bestie nach der Richtung des Schusses, fiel aber, mit den Hörnern in den vom Wasser entblößten Wurzeln einiger Bäume sich verwickelnd, leblos zusammen. Die Hörner hatten fast 4 Fuß Weite und der große Durchmesser ihrer Basis beträgt an 8 pariser Zoll. Leider konnte ich bloß die letzteren mitnehmen, da mir die Mittel zum Transport des ganzen Skeletts oder nur des Schädels fehlten.

Gegen Mittag, nach einem Marsche von höchstens vier Stunden, lagerten wir der fürchterlichen Sonnenhitze wegen an einem Chor, der sehr fischreich war. Auch hier fanden sich trotzdem, daß bloß an einzelnen tieferen Stellen noch Wasser stand, Krokodile und Hydrosaurus.

Von den Fischen konnte ich leider keinen erhalten. So viel ich bemerken konnte, waren es meist Cyprinen von auffallender Wohlbeleibtheit, mit großen, dunkelgerandeten Schuppen bekleidet; Flossen und Schwanz lebhaft graugelb.

Nirgends habe ich solche Mengen von Marabu's (Leptoptilos Argala) gefunden, wie in diesen Gegenden; auch traf ich hier die schöne Oriolus von Galabat, Emberiza striolata, Merops Bullockii, Alcedo maxima, A. rudis, A. semitorquata und eine sehr kleine, scheinbar purpur-rothbraune Art, die ich aber leider nicht erlegen konnte (ob Alcedo madagascariensis?); ferner Centropus affinis und Centropus Monachus, Ardea orientalis und A. cinerea ıc.

Nachmittags rückten wir bei starkem Chamsin-Wind und bedecktem Himmel bis gegen den einzeln stehenden Berg Galea, an dessen Fuße sich die Quellen der Gira befinden, vor, wo nach 2½stündigem Marsche gegen Nord schon Halt gemacht wurde.

Die Gebirge von Zana und Goára hatten wir von dort aus auf eine Entfernung von scheinbar bloß 5 Stunden westsüdwestlich und südwestlich vor uns. Goára ist die ursprüngliche Besitzung der Kasa'schen Familie und bildet mit Zana ein ganz ebenes Hochplateau mit nach allen Seiten tief und steil abfallenden Wänden. Die relative Höhe des Gebirgsstockes dürfte wenigstens 2000 Fuß betragen. Derselbe ist auf der Süd-, Ost- und Westseite von der auf dem Gebirge Alafa entspringenden Schimfa (arabisch Rahad) umflossen, die namentlich von Südost und Ost her eine Menge nicht unbedeutender Wildbäche aufnimmt. Der bedeutendste davon ist eben die Gira, die sich am nordöstlichen Abfalle von Goára, in dem kleinen Distrikt Messacho, zwischen Merdibba, Sarago und Goára, in die Schimfa ergießt.

Abends war ich noch so glücklich, nach langer Verfolgung einen äußerst seltenen Raubvogel auf den Tamarinden an den Ufern der Gira zu erlegen. Es war ein schönes Männchen von Nisus sphenurus, Rüpp., der, wie zwei andere, später erlegte, ganz mit der Rüppell'schen Beschreibung übereinstimmt, mit Ausnahme der bei Rüppell gelb angegebenen Farbe der Iris; diese ist bei meinem Vogel vom schönsten Carminroth.

Die Nacht hatten wir etwas Regen; auch wurden unsere Thiere fortwährend durch Hyänen ꝛc. beunruhigt.

Am 11. April wurde — aber dießmal nicht zu unserem Nutzen — lange vor der Sonne aufgebrochen. Einige Zeit dem Laufe der Gira (nordwestlich) folgend, wendeten wir uns im Hochwalde mehr nördlich, und bald erklärten unsere Führer, daß sie den Weg verloren hätten, der erst nach über zwei Stunden langem Umherirren wieder gefunden wurde. Von unserem Schech begleitet, eilte ich etwas voraus, um zu jagen, und bald hatten wir eine Menge Gazellen (Antilope montana und A. Oreotragus) und Büffel aufgestöbert. Schech Saude hatte sogar in einem kleinen Chor ein Rhinoceros (abyssinisch Aurarihs) gefunden, wovon er mich sogleich benachrichtigte.

Hinter einem Termitenbau versteckt, wagte ich ziemlich nahe einen Spitzkugelschuß auf das schlafende Thier, scheinbar ohne Erfolg. Ich mußte aber staunen über die Leichtigkeit, mit welcher die Bestie, ohne uns zu bemerken, die entgegengesetzte Seite des Chors erkletterte und in vollem Galopp durch's Dickicht brach, ehe ich mich besonnen hatte, daß ich noch eine zweite Kugel zu versenden habe. Ich weiß nicht, ob dieses Thier ursprünglich eine hell-fleischröthliche Farbe hatte, oder ob diese von dem Schlammüberzuge auf der ganzen Haut herstammte.

Bis Mittag mochten wir etwa eine Strecke von vier Stunden, ungefähr nach Nord, zurückgelegt haben.

Von Vögeln bemerkte ich außer Psittacus Meyeri und Ps. cubicularis nichts Neues.

Aus einer Keule des Gosch (wilden Büffels) und ungefähr einem Dutzend Frankolin-Hühnern, in Asche gebraten, bestand unsere heutige Mittagstafel. Abends setzten wir noch über den schönen, wasserreichen Chor Sawle und näherten uns wieder mehr der Gira, deren Ufer hier wirklich paradiesisch sind. Der Fluß ist wenigstens 100 Schritte breit, theilweise mit hohem Schilf durchwachsen, und die Ufer ein wahres Laubdach von Hochbäumen, an denen sich oft fußdicke Lianen emporwinden, deren herrlicher Blüthenschmuck die Luft mit Wohlgerüchen schwängert.

Hier schoß ich ein schönes männliches Exemplar von Antilope Decula, Rüpp. (besser Daccula, was der abyssinische Landesname ist, während Decula den Canis pictus bedeutet). Amadina larvata, Rüpp., Lamprotornis leucogaster und Oriolus (die Species von Galabat) waren häufig.

Nach vierstündigem Marsch gegen Nordostnord lagerten wir an den „kochenden Quellen" von Ambó. Diese Quellen liegen am Süd-Abfall eines kleinen Hügels, auf einer 60 bis 80 Schritte langen, kahlen, bloß mit einigen verkrüppelten Doleb- (?) Palmen besetzten Fläche, nur 20 Schritte von einem von Ost nach West ziehenden Chor entfernt, dessen Wasserspiegel in der jetzigen Jahreszeit viel tiefer stand. Es sind ihrer vielleicht 15 an der Zahl, eine neben der anderen, in humusreichem, morastigem Boden. Das Wasser entwickelt Kohlenoxydgas in Menge, ist kalt und angenehm zum Trinken und hat nicht unbedeutenden Eisengeschmack.

Am Chore, zwischen einer Abansonia und einem Elephanten-Brodbaume *), gedeckt durch dichtes Bambusrohr, hatten wir uns und die Lastthiere etwas verschanzt und waren eben noch mit Präpariren am Wachtfeuer beschäftigt, als wir auf ein Getöse im Chor aufmerksam wurden. Unter schweren Tritten brach und knickte das Rohr: wie ein Mann griff Alles zu den Waffen und im nächsten Moment stand uns ein Rhinoceros gegenüber, das ruhig, mit blinzelnden Augen, einen Augenblick in's Feuer gaffte. Sechs Kugeln, wohlgezielt, schlugen ihm in den dicken Schädel und das Thier war verschwunden!

Jetzt erst fiel es unserem gemüthlichen Schech ein, uns darauf aufmerksam zu machen, daß die meisten wilden Thiere der Gegend Nachts hierher kommen, um eine Sauerbrunnen-Kur zu gebrauchen. Weiter gehen konnte ich nicht gut mehr lassen, stellte aber die ganze Nacht zwei Wachen aus, welche noch einige Male blinden Lärm machten; doch erschien der Morgen, ohne daß wir weiter beunruhigt worden wären.

Den 12. April machte ich mich schon vor Tage auf, um die Fährte des Thieres zu verfolgen, das einen bedeutenden Blutverlust erlitten hatte.

Meine Leute hielten es aber für besser, in das 2½ St. entfernte Merdibba, wo viele Elephantenjäger wohnen, zu wandern und von dort aus Leute zum Aufsuchen der Bestie

---

*) Dieser Baum erreicht eine bedeutende Höhe, hat einen schlanken, glatten, hellgrauen Stamm; die hochrothen, Türkenbund-artigen Blüthen hängen an oft über 2 bis 3 Fuß langen Schnüren senkrecht herab, und die gurkenförmigen, grünen Früchte sollen sehr giftig sein.

auszusenden. Wir brachen daher auf und kamen, nachdem noch die tiefe Gingil-Schimfa durchwatet worden war, wirklich bei guter Zeit im besagten Dorfe an.

Der Tagruri-Schech Atlan nahm uns gastfreundlich auf und erklärte mir sogleich, daß ich einige Tage bei ihm bleiben und mit ihm jagen müsse. Seine Leute hätten mich vor vier Monaten in Wochni schießen sehen, und er wolle und müsse sich von der Wahrheit ihrer Erzählungen überzeugen.

Einige gute Toguls wurden in der Eile hergerichtet und Schech Atlan lud uns gleich zu Tische, zu einem Braten von Antilope strepsiceros, die er am Morgen erlegt.

Ich sandte gleichzeitig Leute aus, mein Rhinoceros zu suchen, aber sie behaupteten, in der Gira seine Spur verloren zu haben. Ich zweifelte um so mehr an der Wahrheit ihrer Aussage, als mir Tags darauf ein ganz frisches Horn zum Kauf gebracht wurde, das genau die Größe der Waffe des einige Tage früher verwundeten hatte.

Merdibba ist ein bedeutender Marktplatz, an der Gingil-Schimfa (Hand der Schimfa) und einem kleineren Chor — Mababia — westlich und südlich von den Bergen Amfelau und Ebbin gelegen. Seine Bewohner sind Tagruris und Araber aus dem Stamme der Quala und Hosseinen. Sie pflanzen viel Baumwolle und Büschelmais, haben Rindvieh, viele Schafe, Ziegen und Kameele. Ihre Hauptbeschäftigung ist die Jagd auf Elephanten, Nashörner und Büffel. Der ganze Distrikt ist, wie auch der von Wochni, nach Tschelga tributpflichtig.

Nachmittags machte ich noch einen Ausflug an die Mababia und Gingil-Schimfa, im Schatten der größten Tamarinden, die ich je zu Gesicht bekam. Die Ufer dieses Chors sind oft von so bedeutender Tiefe und so eng in die vulkanischen Felsmassen eingesenkt, daß ich fast vermuthen möchte, das Flußbett sei ein natürlicher Riß, durch's Erkalten der einst feuerflüssigen Masse entstanden.

In diesen Felsen hausen Carbo africanus, Plotus Levaillantii, Eisvögel ꝛc., und in den Waldungen schoß ich Baum-Eichhörnchen (vermuthlich Sciurus multicolor, Rüpp.), eine mir bis jetzt unbekannte Finkenart (Fringilla lineata, mihi), Cisticola ferruginea, mihi, Amadina larvata, Rüpp., Alcedo cyanostigma, Rüpp., Alcedo semicoerulea, Torskal, Nectarinia cruentata, Nisus niger und Nisus minulus, Levaill.

Am 13. April veranstaltete unser Schech wirklich eine Büffeljagd an der Gingil-Schimfa. Eine Anzahl Araber und Tagruris, mit Lanzen bewaffnet und mit vielen Jagdhunden, begleiteten uns. Doch fanden wir weder Büffel noch Elephanten, ich kam aber auf viele mir zugehetzte Antilope strepsiceros zum Schuß, von denen zwei auf dem Platze blieben.

Beim Uebergang über die Gingil-Schimfa verlor ich noch einen eben erst gekauften Hund, den beim Saufen ein Krokodil erhaschte.

Auf dem Rückwege sah ich in einem Durrahfeld einen mir ganz unbekannten kleinen Trappen (Otis Rhaad?), konnte ihm aber nicht beikommen.

Am 14. April machte ich, nachdem die nöthigen Vorkehrungen für die auf den folgenden Tag festgesetzte Abreise getroffen worden waren, noch eine kleine Parthie an die Gingil-Schimfa, aber ohne erhebliche Ausbeute; auch versäumte ich nicht, mich in der Gegend etwas mit dem Kompaß zu orientiren.

Nachdem der Schech ein anständiges Geschenk für seine Gastfreundschaft erhalten, gingen wir in nordnordwestlicher Richtung weiter. Alles Gepäck hatte ich auf Kameele geben lassen, auch alle meine Diener mußten zu diesem lange vermißten Thiere Zuflucht nehmen, und Pferde, Maulthiere und Esel folgten, frei und ihrer alten schweren Bürden ledig, dem Zuge, dem sich verschiedene Einwohner von Merbibba anschlossen.

Das Terrain ist hier immer noch das der Kolla-Länder, doch verlaufen sich die Gebirge mehr und mehr in die Ebene, die um Mittag erreicht war; die Gegend ist ganz unkultivirt, gut bewaldet, und hier und da hatten wir kleine aber wasserreiche Chors zu überschreiten. Nachmittags wurde der großen Hitze wegen ungewöhnlich lange geruht, das Versäumte aber durch einen Nachtmarsch wieder beigebracht.

Mit Sonnenuntergang trafen wir wieder auf einen breiten, tieferen Chor, der nach Südwest (wahrscheinlich in die Schimfa) fließt und von dem aus westlich ein größeres einzelnes Gebirge — der Djebel Matbara — sichtbar ist.

Während des Nachtmarsches ereignete sich ein etwas komischer Auftritt: Ich war in der Nähe unseres Gepäckes geblieben, während einige unserer Leute vorausgeritten waren, und befahl Muhamed, ein Pferd zu besteigen und ihnen Ordre zu geben, auf uns zu warten, für den Fall, daß durch Erscheinen einer wilden Bestie die Karavane in Unordnung käme. Kaum war er aufgesessen und vielleicht 30 Schritte weit vorangesprengt, als sein Pferd zu bäumen begann. Ich konnte nicht genau unterscheiden, ob er freiwillig oder unfreiwillig abgestiegen. „Was machst Du?" rief ich. — „Ein Löwe! ein Löwe!" war die Antwort. — „Schieß' doch!" erwiderte ich, ebenfalls absteigend und mich dem vermeintlichen Ungethüm nähernd. Endlich knallte ein Schuß, und eine unglückliche junge Hyäne, nicht viel größer als ein Dachshund, lag winselnd in ihrem Blute. Lange noch konnte der Held des Tages vor Schrecken nicht zu Athem kommen.

Nach über neunstündigem Marsche kamen wir endlich um 9½ Uhr Nachts in Dar Sigehr, einem großen Tagruri-Dorfe, an, wo schon von vorauseilenden Arabern Quartier für mich gemacht war. Der Schech ließ mir zu Ehren sogar noch eine Phantasie (Tanz) aufführen, deren Glanzperiode ich aber leider verschlief.

Am 16. April Mittags, nach fünfstündigem Marsche gegen Nord, zogen wir endlich wieder glücklich in Methemme ein, wo Dr. Reitz, der zehn Tage in Wochni auf mich gewartet hatte, bereits einige Tage früher angekommen war.

Galabats Hauptstadt hatte sich während unserer Abwesenheit etwas verändert. Die großen Gramineenfelder hatten die türkischen Pferde und Kameele bei Ismaël Pascha's Anwesenheit rein abgefressen und niedergetreten, viele neue Baraken vergrößerten nach allen Seiten hin den Ort.

Die Gegend war mit Ausnahme der Chors merklich kahler geworden, und auch mancher herrliche Baum an letzteren war durch das Beil dieser Verwüster gefallen. Viele Vögel waren ganz ausgezogen (z. B. Caprimulgus longipennis und seine Verwandten), doch war beßhalb meine Ausbeute in den nächsten Tagen nicht geringer.

Die Steppen gegen den Atbara zu lieferten Antilopen in Menge; am Chor Mechaereh traf ich eine große Anzahl Affen und Eichhörnchen, Aquila vocifer, Morphnus occipitalis, den seltenen Nisus monogrammicus und Nisus sphenurus, Strix flammea, Alcedo maxima, semicoerulea, semitorquata und cyanostigma, zwei Spezies von Indicator, Chizaerhis zonura, Ciconia ephipporhyncha, Ardea orientalis und A. Sturmii ꝛc.

Am 18. erhielten wir zwei Boten von Kafa, wie in Abyssinien gebräuchlich, bloß mit der mündlichen Nachricht, daß der Fürst wirklich einige Tage nach meiner Abreise von den vereinigten Heeren angegriffen, letztere aber mit großem Verlust zurückgeschlagen worden seien.

Da Dr. Reitz unserem Geistlichen, der zum Ras gegangen war, versprochen hatte, in Galabat bis Ende April seiner zu warten, so entschloß ich mich, mit aller Bagage bis Dofa vorauszugehen, wo ich mich noch gern einige Tage länger verweilt hätte und wohin auch unser überflüssiges Gepäck von Wochni aus zurückgeschickt worden war.

Nach vielen Schwierigkeiten, vielen schönen Worten des Schech Ibrahim, der Alles versprach, was er uns besorgen sollte, aber dafür um so weniger Wort hielt, wurden endlich doch die nöthigen Kameele und Wasserschläuche nebst den Führern für unsere Maulthiere beigeschafft.

Ich kann Galabat nicht verlassen, ohne vorher noch einige Worte über seine Umgegend und die Reiserouten, welche von den Handelsleuten eingeschlagen werden, beizufügen.

Daß dieses faktisch halb unter türkischer, halb unter abyssinischer Herrschaft stehende Ländchen und vorzüglich seine Hauptstadt von nicht unbedeutender handelspolitischer Wichtigkeit ist, geht schon aus seiner Lage hervor: es ist Methemme die Zwischen-Station für den ganzen sudanisch-abyssinischen Handel; das Land Galabat selbst ist verhältnißmäßig reich an Produkten, und seinen fleißigen und betriebsamen Bewohnern fehlt bloß gehörige Aufmunterung und mehr Sicherheit des Eigenthums, um sich rasch über die Nachbarstaaten emporschwingen zu können. Beide Regierungen betrachten das Land — wie die Türken den Sudan — nur als scheinbar unversiegbare Quelle für ihre Raub- und Plünderungssucht. Beide erpressen durch hohe Ein- und Ausfuhrzölle und Abgaben jeder Art, so viel sie können; Kasa selbst plünderte vor ungefähr zehn Jahren den Markt mit seinen Soldaten, und die Türken lassen keine Gelegenheit unbenutzt, es ihrem Nachbar in dieser Beziehung noch zuvorzuthun.

Galabats Produkte sind: Honig, Wachs, Elfenbein, Moschus, Häute, Baumwolle, Tabak, Büschelmais, Pferde, Maulthiere, Esel, Kameele und Rindvieh. Unbedeutendere Artikel sind: Weihrauch (das Gummi von Boswellia papyrifera), Bambus und Schilf zu Matten, Tamarinden. Von Abyssinien werden vorzüglich Sklaven, gegerbte Häute, Kaffee, Salz, Maulthiere und Pferde, Kauries (kleine Chypräen vom Rothen Meer), Elfenbein, Baumwollstoffe, Gewürze, Duffer (Unguis odorifera), indische Tücher, einige Hubjas-Produkte, — von Sudan Geld (k. k. Marien-Theresien-Thaler und ägyptische Piaster), Baumwolle, Glasperlen, einzelne Waffen ꝛc. eingeführt.

Die Haupthandelsstraßen zwischen Sudan und Abyssinien sind:
1) die von Abu-Haras bis Galabat;
2) die von Galabat über Wochni nach Gondar;
3) die von Galabat über Sarago und Dagossa an den Tana-See;
4) die von Sennaar über Deberki am Denber (3—4 Tage) nach Galabat;
5) die von Galabat längs dem Rahab direkt nach Abu-Haras, jetzt ziemlich verlassen;
6) ein, wie man mich versichert, von Gelabs häufig besuchter Weg von Roseres oder Fazoglo über Dar-Gubbe (4 Tage, überall Wasser), Djebel Genihn in Agau (2 Tage), Djebel Ballieh oder Beliah (1½ Tag) an den Tana in Agumeder (3 Tage);
7) Straße von Galabat nach Agumeder (Seget); sie führt von Methemme über die Denbelti-Insel, Kauki (Ganboa) (1 Tag), Woad Mennah, Woad Neferên (1 Tag, immer an der Ganboa hin), Wadi Omer an der Ganboa (1 Tag), Kerkemesch (1 Tag, Kerkemesch ist von der Ganboa 3 Stunden entfernt) bis an den Tana-See in Dagossa (3 Tage);
8) Straße von Gondar nach dem Atbara bei Wókin, und zwar über Mehén Abö (ein in den Goang fließendes Gewässer, 1 Tag), Waalia (2 Stunden), Sahara-Futschäna (1 Tag); in Futschäna theilen sich die Wege:
   a) der östliche über Tschelkin (½ Tag), die Flüßchen Maëni, Methem-âr, Semle-Woha, Saman-Wárik, Dschiraba-Katschin nach Gebaui (3 Tage, Kolla-

Länder ohne menschliche Bewohner), von Gebaui nach Atbara (4 Stunden);

b) der westliche über Sangi (½ Tag), Gebaui (2½ Tage, ebenfalls Kolla-Länder und unbewohnte Steppen); vom Atbara bei Gebaui nach dem Markt Wokin rechnet man circa einen halben Tag.

9) Ueber eine Straße von Wokin nach Tákabe und Woggara konnte ich nichts Näheres erfahren, als daß die Straße immer längs dem Bassalam oder Angrab führt.

Was ich über die Geographie der Länder zwischen dem Tana-See und dem türkischen Gebiet erfahren konnte, habe ich auf meine Karte einzutragen versucht. Vorzüglich beschäftigten mich die Quellenländer des Dender und Ráhab.

Der Ráhab entspringt auf dem großen Gebirge Alafa, das zwischen Sarago, Agau (oder Legau) und Dúngur liegt, und hat einen etwas nordwestlichen Lauf bis gegen Goára und Zána, welche Gebirgsländer er auf der Süd-, Ost- und Nordseite umfließt. Durch die Aufnahme der Gingil-Schimfa, Gira ꝛc. verstärkt, fließt er in ungefähr nordwestlicher Richtung bis an seine Mündung bei Abu-Harás. Er heißt in Abyssinien Schimfa.

Der Dender entspringt wahrscheinlich in Dar-Gubbe, und sein Lauf ist dem des Ráhab ziemlich parallel. Sein vorzüglichster Zufluß ist der Galago, der aus Goára kömmt, sich mit dem Dungur (von Djebel Marmieh kommend) und dem Atiesch vereinigt und bei Dar-beb-el-Wáhasch in ihn mündet. Die Wassermassen dieser Wildbäche sind gar nicht unbedeutend, und selbst in der trockensten Jahreszeit versiegen sie nicht. Ihr Charakter in den

Gebirgsländern ist ganz der der übrigen abyssinischen Flüsse. Sie sind sehr fischreich, enthalten bis gegen ihre Quellen hin Krokodile in großer Menge, und sogar Flußpferde sollen noch in neuester Zeit häufig hier vorgekommen sein. Erst gegen die Ebenen Ost-Sennaars hin werden die Thäler weiter und das Flußbett flacher. In erstere und somit in die Steppen eingetreten, werden die Ufer wieder ungemein tief und steil, und zur trockensten Jahreszeit ist hier nirgends mehr fließendes Wasser. Bloß an tiefen, oft künstlich angelegten Stellen sind noch stagnirende Pfützen und Tümpel zu finden, die wenigstens für Kameele und Vieh nothbürftige Nahrung geben.

Am 22. April konnte ich von Methemme abgehen. Sieben Kameele trugen das Gepäck, während 22 Stück Maulthiere und Pferde, welche die Reise ziemlich mitgenommen hatte, leer gingen.

Kaum aufgesessen, überfiel mich ein so plötzliches Unwohlsein, verbunden mit Abweichen, Erbrechen und den empfindlichsten Leibschmerzen, daß ich glaubte, zurückbleiben zu müssen. Nur mit Mühe konnte ich mich zu Pferd halten, weßhalb die Karavane nur langsam vorwärts gehen konnte. Die große Sonnenhitze, schlechtes Wasser und Mangel an allen nöthigen Provisionen mußten meinen Zustand verschlimmern, der in eine vollständige Dysenterie überging.

Unser Weg war mehr östlich von der früher eingeschlagenen Straße. Im schönen Chor Kakamât war kein Tropfen Wasser mehr und wir fanden dort nicht einmal Brunnengruben vor. Deßhalb mußte bis zum Chor von Hellet-

Abuma gegangen werden, wo wir an einigen Brunnen bis gegen Abend Rast hielten und dann noch bis Hellet-Daub marschirten.

Unterwegs erlegte ich einen hübschen neuen Adler (Spizaëtos leucostigma, mihi), den ich aber bereits aus Sennaar und der Gegend von Eilat in Ost-Abyssinien kannte.

Das Dorf war vom Schech und seinem Stellvertreter wegen rückständiger Abgaben verlassen, weßhalb wir im nächsten besten Hause abstiegen, wo uns die Tagruris freundlichst aufnahmen und nach Kräften unsere Bedürfnisse befriedigten.

Am 23. April zogen wir westlich von unserer alten Straße bis zu den großartigen Brunnen von Abu Saib, die von den Dabeina-Arabern besetzt waren. Abu Saib liegt auf der Grenze des türkischen Gebietes, die Wohnungen der Besitzer der Brunnen sind aber etwas entfernt von denselben aufgeschlagen.

Auf dem Wege zum Brunnen Medek trafen wir einige Giraffen, die meine Leute vergeblich zu Pferd verfolgten.

In Wogin übernachteten wir und erreichten am 24. April Doka. Hier stiegen wir bei dem Schaikie-Kommandanten Muhamed Cher ab, da Ibrahim Kaschef sich jetzt in Kebaref befand.

Meine Gesundheit, die auf der ganzen Reise durch Abyssinien sich unerschütterlich bewährte, war jetzt gänzlich gebrochen. Mit strengster Diät und Ruhe und Gebrauch von Arsenik in homöopathischen Dosen hatte sich meine Dysenterie übrigens gebessert, aber es war eine Schwäche des Unterleibes und der Nerven eingetreten, die bei der bevorstehenden Regenzeit noch Manches fürchten ließ.

Am 30. April kam auch Dr. Reitz an, der vergeblich auf die Boten von Ras=Ali in Galabat gewartet hatte und leider auch von einer Dysenterie befallen war, die seine so kräftige Constitution bereits stark angegriffen hatte.

Sogleich wurde alle mögliche Fürsorge für ihn getroffen; ich schickte einen reitenden Boten nach Kedaref, um Reis zu holen, der uns gänzlich mangelte, und wirklich schien sich der Sturm etwas zu legen, aber nur auf kurze Zeit, da die Witterung bereits höchst ungünstig zu werden begann.

Ich übergehe hier die Zeit bis zu meiner Abreise von Doka, wo Dr. Reitz nach langem, schwerem Leiden am 16. Mai in ein besseres Leben ruhig entschlief. Weit vom Heimathlande mußte ich ihm dort seine letzte Ruhestätte graben; kein Monument und keine glänzende Inschrift sagen dem einsamen Wanderer den Namen dessen, der hier ruht, — sein Denkmal sind seine Werke.

Am 20. Mai konnte ich endlich das traurige Doka verlassen, wo bereits in der ersten Hälfte dieses Monats die Regenzeit mit all' ihren Folgen sich eingestellt hatte.

Bäume und Gramineen entfalteten schnell ihr üppiges Gewand, aber die Erde glich mehr einem Pfuhl. Die Chors schwollen an, die ganze Insektenwelt kroch aus, um Menschen und Thiere zu peinigen bis auf's Blut, und so schnell, als meine Gesundheit es erlaubte, ging es dem Blauen Flusse zu, den ich auf unserem alten Wege über Kedaref, Djebel Atesch, Arang und Abu=Haras nach manchem Aufenthalte, vielen Krankheitsfällen bei meinen Leuten, Umständen mit dem Transport der Menge von Lastthieren und Effekten ꝛc. mit Anfang des Ramadan=Festes erreichte (10. Juni).

Mein Unwohlsein hatte sich übrigens in der besseren Luft und durch die nicht zu anstrengende Reise mehr und mehr gehoben. Um weitere Transportmittel zu erhalten, mußte ich bis zum 14. Juni in Abu-Haras bleiben. Ich sandte meine Leute mit allem Gepäck nach Rufâ, wo Schiffe für sie bereit waren, ab und setzte dann selbst zu Dromedar über Messalemieh die Reise zu Land nach Chartum fort, wo ich wohlbehalten am Morgen des 17. Juni, nach einer Abwesenheit von über sechs Monaten, anlangte.

www.ingramcontent.com/pod-product-compliance
Lightning Source LLC
Chambersburg PA
CBHW030122240426
43673CB00041B/1365